Alfred Kohler

COLUMBUS UND SEINE ZEIT

Alfred Kohler

COLUMBUS UND SEINE ZEIT

C.H.Beck

Mit 20 Abbildungen

Satz: Fotosatz Janß, Pfungstadt
Druck und Bindung: Friedrich Pustet KG, Regensburg
Gedruckt auf säurefreiem, alterungsbeständigem Papier
(hergestellt aus chlorfrei gebleichtem Zellstoff)
Printed in Germany
ISBN 10: 3 406 54212 3
ISBN 13: 978 3 406 54212 1

www.beck.de

Günther Hamann
12. 10. 1924–13. 10. 1994
meinem akademischen Lehrer
an der Universität Wien
gewidmet

Inhalt

Vorwort

Mein verehrter Lehrer Günther Hamann hat in den 1960er und 1970er Jahren an der Wiener Universität einer ganzen Generation von Historikern und Historikerinnen den Blick auf die außereuropäische Welt gelehrt, hin zu globalen Aspekten und Bezügen, Zusammenhängen, über Österreich und Europa hinaus, auch mit einem kritischen Blick auf den ‹Eurozentrismus›. Es gelang ihm, viele seiner Schüler und Schülerinnen zu ermutigen, sich mit Fragen der europäischen Übersee-Expansion zu beschäftigen; in meinem Fall war es das Afrikabild des 16. Jahrhunderts auf Karten, Globen und in Kosmographien.

Mein Interesse an globalgeschichtlichen Themen und Aspekten seit dieser Zeit führte mich zuletzt zum Nachdenken über viele thematische Bezüge von größter Aktualität, darunter zur «Überheblichkeit des ‹weißen Mannes›» in der Welt. Hätte ich diese Linie weiter verfolgt, so wäre gewiß ein provokatives Buch entstanden, das jedoch jahrelange Vorarbeiten erfordert hätte, um diese interessante Thematik bis zur Gegenwart hin zu analysieren. Hingegen schien mir eine Darstellung der europäischen Expansion des 15. Jahrhunderts möglich und besonders geeignet, um einen Beitrag zum Columbus-Jahr 2006 zu leisten – eine allerdings bis heute mit einer Reihe schwieriger Fragen verbundene Aufgabe.

Das vorliegende Buch wäre ohne meine jahrelangen Erfahrungen im akademischen Unterricht nicht denkbar. In diesem Zusammenhang möchte ich allen Studierenden für ihre substantiellen Beiträge, auf die im einzelnen an dieser Stelle nicht eingegangen werden kann, wenigstens kollektiv ganz herzlich danken, zuletzt den Teilnehmern und Teilnehmerinnen meines Columbus-Seminars im Sommersemester 2005 an der Universität Wien. Gerade wenn wissenschaftliche Arbeiten von einzelnen Forschern und Forscherinnen geschrieben werden, ist der wissenschaftliche Diskurs, der ihre Arbeitsvorhaben begleitet, unverzichtbar.

Wie seit Jahren bin ich auch diesmal meiner engsten und verläßlichsten Mitarbeiterin, Frau Martina Fuchs, für das Lesen des Manuskripts und die Erstellung des Registers zu Dank verpflichtet. Herrn René Tebel, Assistent am Institut für Geschichte der Universität, verdanke ich manche Anregung im Hinblick auf nautische und kartographische Fragen. Nicht zuletzt danke ich meiner Dissertantin, Nicole Viktora, für die Vermittlung ihrer neuen Einsichten in das portugiesisch-kastilische Konfliktpotential im Umfeld der Verträge von Alcáçovas und Tordesillas. Schließlich habe ich auch Erhard Rosner, Universität Göttingen, für wertvolle Hinweise zur chinesischen Geschichte zu danken.

Wien, im September 2005 *Alfred Kohler*

Einleitung

Christoph Columbus und seine Zeit zwischen Tradition und Neubewertung

Christoph Columbus: Bekanntheitsgrad und Instrumentalisierung einer Person

Ohne Zweifel gehört Christoph Columbus zu den bekanntesten Persönlichkeiten, die von europäischer, ja von globalgeschichtlicher Bedeutung sind. Er steht heute einerseits als Symbol für unendliche Reisemöglichkeiten im Sinne der aktuellen Reise- und Touristenwerbung; nur Marco Polo kann auf dem Gebiet dieser Werbestrategien mithalten. Andererseits gilt Columbus als tragische Figur, die sich geirrt hat, aber sozusagen ‹fruchtbar›, glücklicherweise, erschloß er doch für Kastilien und damit im weiteren Sinne für Europa etwas Neues und sehr Gewinnbringendes kurz vor dem Zeitpunkt, als Portugal auf dem Seeweg Indien erreichte. Doch war es für die globale Geltung Europas gut, daß Portugal sein Ziel, um Afrika herum nach Indien und Asien zu gelangen, wegen Columbus nicht aufgegeben hat. Damit war neben dem erreichten Ziel – Asien – tatsächlich etwas Neues gefunden worden, das wenig später ‹Neue Welt› oder ‹America› genannt werden sollte.

Columbus steht jedoch nicht nur für die Reise- und Abenteuerlust, sondern auch für den Beginn der europäischen Neuzeit, jedenfalls im Sinne der traditionellen Geschichtsauffassung europäischer Prägung, die in der Entdeckung von Columbus etwas Neues von größter Bedeutung sah, eine Metapher, die bis heute bemüht wird, vor allem in der populären Zugangsweise.[1] Das, was an Columbus immer schon fasziniert hat, ist die Tatsache, daß er trotz aller gegenteiligen Meinungen und Anfechtungen durch die Experten sein Projekt gegen alle Widerstände, dem Spott zum Trotz verfolgt und durchgesetzt hat. Das ist der eine Grund für seine Popularität bis auf den heutigen Tag, der andere, obgleich wichtigere, ist mit dem Faktum verbunden, daß Columbus etwas ganz Neues und Unerwartetes zu Tage förderte. Von diesem ‹tragischen› bzw. ‹fruchtbaren Irrtum› sind die meisten Autoren gleichermaßen fasziniert. Wohl deshalb gibt es eine Fülle an Literatur, vor allem populäre, die dem tragischen Schicksal des Entdeckers nachgeht. Eine der besten neueren biographisch orientierten Untersuchungen ist das Werk des amerikanischen Autors Miles H. Davidson,[2] in dem sowohl auf die wichtigsten Fragestellungen und Kontroversen der Historiographie als auch auf die Problematik der Quelleninterpretation ausführlich eingegangen wird. Gerade darum geht es im Folgenden nicht, sondern vielmehr um die Beobachtungen von Columbus und um seine genuinen und einmaligen Leistungen. Was unterschied ihn und sein Vorhaben von portugiesischen und spanischen Seefahrern sowie von spanischen Entdeckern bzw. Konquistadoren?

Blickt man ins 19. Jahrhundert zurück, so läßt sich Alexander von Humboldt zitieren, der im 15. Jahrhundert «eine der seltenen Zeitepochen» mit einem klaren Ziel gesehen hat: «In der Mitte von zwei Bildungsstufen der Menschheit ist das 15. Jahrhundert gleichsam eine Übergangsepoche, welche beiden, dem Mittelalter und dem Anfang der neueren Zeit angehört. Es ist die Epoche der größten Entdeckungen im Raum, solcher, die fast alle Breitengrade und alle Höhen der Erdoberfläche umfassen. Wenn dieselbe für die Europäer die Werke der Schöpfung verdoppelt hat, so bot sie zugleich der Intelligenz neue und mächtige Anregungsmittel zur Vervollkommnung der Naturwissenschaften in ihren psychischen und mathematischen Teilen dar.»[3] Humboldt hat dabei nicht nur in einseitiger Weise die neuen Voraussetzungen für entdeckungsgeschichtliche Möglichkeiten sowie naturwissenschaftliche Erkenntnismöglichkeiten ganz neuer Art gesehen, sondern auch die weltgeschichtliche Überlegenheit und Mission Europas in der übrigen Welt sehen wollen.

Übereinstimmend wird Columbus als eine «Übergangs- und Schwellenfigur» betrachtet, der kein «revolutionärer

Neuerer» war: «Die Wahrheit ist, daß Kolumbus von Kenntnissen und Auffassungen ausging, die unter den Gebildeten seiner Zeit durchaus akzeptiert und verbreitet waren.»[4] Das Studium der zeitgenössischen wie antiken Schriften kann für einen Seefahrer wohl als außergewöhnlich bezeichnet werden. Aufgrund der günstigen Quellenlage – Columbus hinterließ Marginalien in den Werken von Pierre d'Ailly, Marco Polo und Eneas Silvius Piccolomini – läßt sich sein Interesse gut nachvollziehen. Dies gilt für die Vorstellung von der Kugelgestalt der Erde wie für die Frage nach den bewohnbaren und unbewohnbaren (heißen) Zonen ebenso wie für die West-Ost-Ausdehnung Eurasiens und damit für die Möglichkeit, Asien von Osten zu erreichen. Die Aufzeichnungen von Asienreisenden wie Marco Polo und die Afrikareisen der Portugiesen hatten die Plausibilität dieser Vorstellung erhöht; auch der Westweg nach Asien über den Atlantik war vor Columbus bekannt gewesen und hat die Seefahrer des 16. Jahrhunderts beeinflußt, wie später Magellan, der die Erde erstmals umsegeln sollte. Columbus hingegen hat erstmals den Westweg zu erkunden versucht; darin unterscheidet er sich deutlich von all jenen seiner Zeitgenossen, die nur darüber nachgedacht und diskutiert haben. Nicht nur Columbus' kosmographische Auffassungen waren traditionell, sondern auch seine Religiosität: Seine Auffassung, im Auftrag Gottes zu handeln, sendungsbewußt zu sein, ist wohl ein besonderer Ausdruck derselben; so glaubte er auf seiner dritten Reise, als er das südamerikanische Festland erreichte, ins Goldland Ophir, das im Alten Testament genannte Goldland König Salomons, gelangt zu sein, das in der Regel in Indien, Arabien, Süd- oder Ostafrika lokalisiert worden ist. Auch dem ‹irdischen Paradies› glaubte er nahe zu sein. Er sah im eigenen Vornamen die Funktion des ‹Christusträgers› symbolisiert. Aus dieser Selbsteinschätzung resultierte auch seine Vorstellung, «die Verbreitung des christlich katholischen Glaubens über den ganzen Erdkreis einzuleiten; und damit im Sinne einer bereits in Vergessenheit geratenen Kreuzfahrertradition Jerusalem und das Heilige Grab für die Christenheit zurückzugewinnen».[5]

Man darf sich nicht wundern, daß die Existenz des amerikanischen ‹Zwischenkontinents› für Columbus bis zuletzt unfaßlich und ungewiß blieb. Mit Günther Hamann läßt sich sagen, daß es dem Seefahrer nicht um die Entdeckung von Neuem, sondern um das Auffinden von längst Bekanntem, jedoch auf einer neuen Route, d. h. um Asien ging. Auch relativ gebildete Persönlichkeiten wie Columbus konnten sich irren, sie waren Gefangene der theoretischen und praxisfernen Vorgehensweise. Sie gerieten in Konkurrenz mit den praktischen Erfahrungen von Seeleuten, die auf konkreten Einsichten basierten. Die Tragik von Columbus bestand darin, daß er seine Idee, Asien zu finden bzw. gefunden zu haben, nicht zu revidieren imstande war. Nach Hamann sprengte Columbus keine Grenzen; er war auch kein neuzeitlicher Mensch: «Man wird sich dann auch von der landläufigen Vorstellung freimachen, Columbus allzu unbefangen, unbedingt, allzu direkt als den ‹Entdecker Amerikas› feiern zu müssen, der er subjektiv besehen ja gar nicht gewesen ist und auch gar nicht sein wollte. Man wird vielmehr die herkömmliche interpretatio ex eventu zugunsten einer dem geschichtlichen Prozeß gerechter werdenden entwicklungshistorischen Einordnung revidieren.»[6] Columbus war ein tragischer Mensch, der «im bitteren Bewußtsein unverdienten Verkanntwerdens und kränkender Geringschätzung [...] seiner Entdeckungen» starb.[7] Die größten Leistungen von Columbus sind auf dem Gebiet der Nautik und Navigation festzustellen. Er kannte die Mißweisung der Magnetnadel oder wußte die Ephemeriden zu gebrauchen, jene vorausberechneten täglichen Positionen der Himmelskörper, die Regiomontanus Ende des 15. Jahrhunderts zusammengestellt hatte. Darin ist eine der größten Leistungen des Entdeckers zu sehen. Columbus muß ein Schiffskommandant mit überragender seemännischer Kompetenz gewesen sein, er plante seine Reisen umsichtig und führte sie mit Vorsicht und Verantwortungsbewußtsein, was die Sicherheit anlangte, durch. Columbus erwarb sich bei den Schiffsmannschaften einen außergewöhnlichen Ruf. Er war ein Meister der Küsten- sowie der Hochseeschiffahrt und hatte die Fähigkeit, Erfahrung und Beobachtung zu verbinden wie wenige seiner Zeitgenossen. Es ereignete sich demnach fast nie etwas Außergewöhnliches oder gar Tragisches auf seinen Fahrten.

Kann man die nautischen Leistungen von Columbus – als Zeitgenosse einer technisierten Gegenwart – überhaupt richtig einschätzen? Es fällt auf, daß sie bis heute besonderes Interesse finden, und dies nicht nur bei Historikern und Historikerinnen, sondern besonders bei Kapitänen und Marineoffizieren, aber auch bei Wissenschaftshistorikern und Geographen unserer Zeit. Beispielsweise sind die Namen von Samuel Eliot Morison, George E. Nunn und John Parker zu nennen, die nicht zuletzt auch die Frage nach der erstentdeckten Karibikinsel zu beantworten versuchten. Jedenfalls sollte einem bewußt sein, daß Columbus – übrigens wie alle Seefahrer seiner Zeit – mit wenig technischem Aufwand navigieren mußte. Vor allem diente ihm ein Kompaß, der das Einschlagen und Halten des Kurses ermöglichte. Die Geschwindigkeitsmessung war schon schwieriger, doch fiel dieses Manko nicht so sehr ins Gewicht. Wie seine Zeitgenossen konnte Columbus die geographische Länge nicht bestimmen, was ein großer Nachteil war.

Es ist naheliegend, den Begriff des ‹Entdeckers› mit der Erstmaligkeit der Wahrnehmung in Verbindung zu sehen. Gebührt Columbus oder beispielsweise Amerigo Vespucci, so wie es der auf diesem basierende ‹America›-Namensvorschlag Martin Waldseemüllers im Jahre 1507 zum Ausdruck bringt, der Vorrang? Ja und nein. Columbus hat im wesentlichen Mittelamerika, die Antillen und die südamerikanischen Küsten entdeckt, Vespucci dagegen die brasilianische Küste, wie weit in den Süden, ist umstritten. Die Beschäftigung mit Columbus führte schon immer leicht zu der Haltung, alles von ihm und von anderen aus seiner Umgebung

Stammende anzuzweifeln. Man sah darin lediglich die Rechtfertigung durch Columbus und seine Umgebung, das eigene Projekt gutzuheißen. Das galt danach auch für Columbus' Bezugnahme auf Toscanelli zur Legitimierung der Westfahrt-Idee. Relativierungen wurden bei Columbus unglaublich häufig vorgenommen. Damit geriet auch das sogenannte ‹Ei› des Columbus, also die Westfahrt-Idee, unter Beschuß. Denn diese Idee, stammt nicht originär von Columbus, sondern ist auf den Gelehrten Toscanelli und vielleicht auch auf andere zurückzuführen; ihm bzw. ihnen kommt die Rolle der ‹theoretischen Vorläufer› zu, aber nicht mehr als das, denn in die Praxis umgesetzt hat sie Columbus – sein ‹großartiger Irrtum› führte zu einer ‹großartigen Entdeckung›, der Auffindung Amerikas. Die Beschäftigung mit Columbus führte die Historiographie fortwährend zu der Frage nach mittelalterlichen Vorläufern. Waren es doch die Wikinger, die Amerika entdeckten – aber welches Amerika? Die Entdeckung von Vinland/Neufundland im äußersten Norden des Kontinents ist mit der von Columbus entdeckten Karibik schwer zu vergleichen, und wenn, dann nur aufgrund der Vorstellung eines von Neufundland und Labrador im Norden bis Feuerland und zur Magellanstraße im Süden reichenden amerikanischen Kontinents, die sich erst im Laufe des 16. und 17. Jahrhunderts durchsetzte und zur Bezeichnung der ‹Americas› führte, wie heute Nord-, Mittel- und Südamerika häufig genannt werden. Die Frage der sogenannten Erstentdeckung sollte also nicht zu pauschal – immer auf den gesamten Kontinent bezogen – betrachtet werden. Dies kann nur zu falschen Vorstellungen führen und relativiert die Leistung von Columbus zwangsläufig. Was an ihm schon immer fasziniert hat, ist die Tatsache, daß er trotz aller gegenteiligen Meinungen und Anfechtungen durch Experten sowie den Widerständen und dem Spott zum Trotz sein Projekt verfolgt und durchgesetzt hat und daß er etwas ganz Neues und Unerwartetes zu Tage förderte, nämlich Amerika. Für Paolo Emilio Taviani ist er deshalb «der größte Held, der spektakulärste Akteur am Beginn der Neuzeit».[8]

Die Zweifel an der Glaubwürdigkeit der berichteten biographischen Einzelheiten über Columbus sind höchst merkwürdig und wohl einzigartig, so etwa die Frage seiner Herkunft. Neben Genua erhoben nämlich nicht nur 17 andere Städte und Orte Italiens, sondern neben Portugal und Spanien auch eine Reihe weiterer europäischer Länder Anspruch auf den Geburtsort von Columbus, ja, fast jede europäische Nation versuchte den berühmten Entdecker für sich zu reklamieren. Zweifel wurden auch am Geburtsdatum geäußert, als ob das Problem ungenauer Geburtsdaten für Persönlichkeiten dieser Epoche der europäischen Geschichte nicht typisch wäre! Gott sei Dank helfen Gerichtsakten weiter, die in der Regel verläßlich sind. Die in der Historiographie anzutreffende Feststellung ‹nationaler› Identitäten bezieht sich auf die Sprachkompetenz von Columbus, mit anderen Worten auf Kenntnis und Verwendung verschiedener Sprachen in Wort und Schrift, am wenigsten des genuesischen Dialekts, vor allem des Kastilischen, auch des Portugiesischen und Lateinischen. Wahrscheinlich entsprach diese Situation dem damaligen Usus bei international tätigen Kaufleuten und Seefahrern in Kommandopositionen, zu denen Columbus zu rechnen ist. Die nationalgeschichtliche Herangehensweise des 19. Jahrhunderts und gar eine nationalistische Sichtweise können diesem Phänomen nicht gerecht werden. Mit anderen Worten, Columbus war ein Europäer im wahrsten Sinne des Wortes, d. h. im Sinne der Verständigungsmöglichkeiten und der Relativierung der Bindung an seine Herkunftsregion.

Obwohl keine Biographie im engeren Sinne, wird im Mittelpunkt der folgenden Ausführungen doch die enge Verflechtung zwischen der Biographie des Christoph Columbus und der politischen und wirtschaftlichen Entwicklung seiner Zeit stehen. Dabei werden typische Einschätzungen, Urteile, Einstellungen und Vorstellungen in der bisherigen Literatur auftauchen. Auch wenn von Columbus zahlreiche Selbstaus-

Eine der zahlreichen Karikaturen zum Thema Columbus – Amerika, die in thematischer Hinsicht von der ‹verständnislosen› Begegnung Europas und Amerikas geprägt sind: Columbus meint in Indien zu sein, der Indio glaubt, der aztekische Gott Quetzalcóatl käme zurück – eine Sinngebung für die gelungene Eroberung des Aztekenreiches durch Hernán Cortés 1519/21.

sagen und Äußerungen vorliegen, die allerdings wegen der Überarbeitung durch andere Personen in seinem Umkreis wie durch seinen Bruder und Sohn sowie vor allem auch durch Las Casas gefiltert zu sein scheinen, sollte ihre Glaubwürdigkeit nicht grundsätzlich bestritten werden – jedenfalls gaben sie häufig Anlaß zu Spekulationen und sozialpsychologischen Argumentationen, denen man als Historiker bzw. Historikerin aus methodischen Gründen grundsätzlich skeptisch begegnen sollte.

Die Populärwissenschaft hat sich von jeher der Columbus-Thematik besonders angenommen. Im Moment steht sie im Zusammenhang mit dem Erlebnis der Wracksuche in der Karibik; es geht um die von Christoph Columbus auf seiner vierten Reise versenkte ‹Viscaína› (vgl. Brinkbäumer/

Höges). Schon früher tauchte sein Name im Zusammenhang mit medizinhistorischen Aussagen zu der 1494 in Europa erstmals auftretenden Syphilis auf – neben dem Tabakkonsum eine der frühen Folgewirkungen auf die europäischen Gesellschaften, die Syphilis als erste ‹Gegengabe› der durch die Europäer bedrohten (und ausgebeuteten) indigenen Bevölkerung.[9] Beispiele dieser Art ließen sich fortsetzen. In den Ländern Lateinamerikas, also in den Ländern der ‹Betroffenen›, kommt Columbus meist noch relativ gut weg, vor allem im Vergleich zu den Konquistadoren. So meinte Carlos Fuentes im Columbus-Jubiläumsjahr 1992 zu den Aktivitäten des Entdeckers: «Das war nicht die erste oder letzte abendländische Desorientierung.»[10] Es war nicht selten das Faktum des ‹Entdecktwerdens›, das Ironie und Sarkasmus hervorrief. Aber gerade jene Eliten, die darüber reflektierten, verdanken ihre Existenz der durch Columbus ausgelösten Entwicklung.

Die zweite Hälfte des 15. Jahrhunderts als eine der Sattelzeiten› der europäischen Geschichte?

Angesichts der gegenwärtigen weltpolitischen Konstellation wird häufig von der ‹Arroganz des Westens› gegenüber der übrigen Welt gesprochen, und dies aus gegebenem Anlaß durchaus berechtigt. Die vorliegende Darstellung versucht, den Ursprüngen dieser aktuellen Polemik bzw. Konstellation nachzugehen. In diesem Zusammenhang stellt sich das 15. Jahrhundert, insbesondere die Wende vom 15. zum 16. Jahrhundert, als interessante Epoche für ein aufkommendes Selbstwert- und Überlegenheitsgefühl europäischer Provenienz dar, das mit weitreichenden Konsequenzen verbunden war.

Offenkundig bestehen charakteristische Unterschiede zwischen der ‹faktengesättigten› europäischen und chinesischen Geschichte (Entwicklung einer ‹Reichshistoriographie›) und der ‹dünnen› afrikanischen Geschichte. Die Jahreszahlen, mit denen im Hinblick auf Afrika im fünften Kapitel umgegangen wird, sind rekonstruiert und in eine Chronologie gebracht, und zwar im allgemeinen auf der Basis arabischer Quellen. Was nicht dokumentiert ist, existiert nicht. Was dokumentiert ist – am besten in schriftlicher und bildlicher Form –, steht zur Verfügung, ist bereit für den Zugriff, und zwar für einen bestimmten Zweck, im Dienste einer Idee, zur Unterstützung und Bestätigung von Plänen und Vorstellungen. Ein gutes Beispiel stellt die Asiendarstellung Marco Polos dar. Auf dieser Grundlage wurde es in Europa besser als je zuvor möglich, sich über China nachhaltig zu informieren. Doch ist im Hinblick auf den Typ des Reiseberichts Vorsicht geboten; denn es ist vor der Annahme zu warnen, daß hierin nur über Gesehenes berichtet wird und jederzeit die Voraussetzung der Autopsie gilt. Vielmehr wurde der Leser sozusagen getäuscht, bis hin zu dem Extrem, wie das Beispiel von John Mandeville in England zeigt, dessen Reisebuch aus den Jahren 1366/71 reine Fiktion sein dürfte. Wichtig ist vielmehr die methodische Unterscheidung, die in der Differenz zwischen dem den Zeitgenossen von Christoph Columbus verfügbaren Wissen – Berichte, Werke, Reiseberichte, den damals bekannten oder in Abschriften oder durch Druck vorliegenden Werken – liegt und der Tatsache, daß viele Werke erst später, zum Teil sehr viel später, veröffentlicht worden sind.

Für die europäische Entwicklung ist zu bedenken, daß von der Eroberung Konstantinopels durch die Osmanen im Jahre 1453 eine enorme Wirkung ausging: Dieses Jahr verursachte in Europa auch einen Schock im Hinblick auf die Beziehungen mit Asien, denn das Osmanische Reich schien einen effizienten Sperriegel gegen den Handel der europäischen Nationen mit dem Nahen, Mittleren und Fernen Osten zu bilden. Seitdem war die Präsenz der europäischen Seerepubliken Venedig und Genua im östlichen Mittelmeer und im Schwarzen Meer bedroht. Es bedurfte einer ausgeklügelten Strategie, um dem Sultan die Wichtigkeit des Außenhandels in den Händen von Europäern zu verdeutlichen. Gleichzeitig gewannen die Handelsnationen des westlichen Mittelmeers an Bedeutung; sie schienen mehr als je zuvor prädestiniert, Ausgangspunkt für handelspolitische Alternativen zu werden. Deshalb gingen Genuesen – wie auch Columbus – vermehrt nach Portugal; die Erkundung des direkten (See)Weges nach Asien erklärt den Aufstieg dieses Landes in Europa. Columbus suchte dort wohl seine Chance, um in Lissabon Karriere zu machen. Gleichzeitig taucht die Frage auf, warum Columbus ausgerechnet in Portugal das Westfahrt-Projekt vorbrachte, denn damit lag er nicht im Trend der handelspolitischen Perspektiven der portugiesischen Krone.

Jedenfalls gingen von Portugal, wie auch später von Kastilien und Aragon, nachhaltige außereuropäische Initiativen aus. Die iberischen Königreiche stiegen zu den bedeutendsten Monarchien Europas auf und bildeten zunehmend eine Konkurrenz für die Könige von Frankreich, die seit dem Ende des Hundertjährigen Krieges im Jahre 1453 ihre Position ständig verbessern konnten und gegen Ende dieses Jahrhunderts ihr Königreich im Inneren weitgehend arrondiert hatten, und nun in Italien danach trachteten, ‹alte› Positionen zurückzugewinnen, wie der Neapelfeldzug König Karls VIII. von 1494 zeigt. Diese Möglichkeit hatte sich allerdings erst eröffnet, als der Burgundische Erbfolgekrieg zu einem vorläufigen Ende gekommen war, bei dem der französische König einen Teil des burgundischen Erbes für sich sichern konnte.

Die west- und südeuropäischen Beispiele sind ein Ausdruck der sich formierenden Fürstenstaaten Europas, der Herausbildung von Mächten, die europäische Bedeutung erlangten, ohne die eine überregionale Politik in Europa damals nicht mehr möglich war. Die Mitte Europas hingegen, die vom großräumigen Heiligen Römischen Reich geprägt war, schien nicht direkt zu diesen Zonen zu gehören, erhielt jedoch durch den Aufstieg des Hauses Österreich bzw. Habsburg in der zweiten Hälfte des 15. Jahrhunderts eine neue Funktion und geriet förmlich in den Sog einer europaweiten habsburgischen Herrschaftsstrategie. Kaiser Maximilian I. war der erste habsburgische Herrscher, der – allerdings mit unzureichenden finanziellen Mitteln – eine europäische Politik zu realisieren versuchte. Es war nur eine Frage der Zeit, wo und wann politisch-dynastische Konflikte in Europa ausgetragen werden würden. Italien kam dafür am ehesten in Frage, schon allein der politisch-herrschaftlichen Strukturen, aber auch seiner Bedeutung für das Kaisertum wegen; es sollte zum Handlungsraum der französischen, spanischen und kaiserlichen Politik werden. Und all dies vor dem Hintergrund einer ständig zunehmenden osmanischen Bedrohung Italiens und Europas zu Wasser und zu Lande.

Die Ergebnisse und Auswirkungen der skizzierten Entwicklungen des 15. Jahrhunderts bekamen die Generationen des 16. Jahrhunderts in einer Phase der Entwicklung Europas zu spüren, die von inneren Konflikten und äußerer Bedrohung sowie Expansion geprägt war. Im Grunde wurden im 15. Jahrhundert die Grundlagen des europäischen Staatensystems gelegt, das bis zur Französischen Revolution Bestand hatte. Ähnliches gilt auch für die sozialen und wirtschaftlichen Strukturen, betrachtet man die Zunahme der Bevölkerung seit den großen Verlusten des 14. Jahrhunderts und die sozialen Spannungen etwa in den Städten Flanderns und Brabants oder in vielen Reichsstädten (‹Zunftrebellionen›) im Kampf um Macht, politische Partizipation und soziale Geltung. Auch an die technologischen Neuerungen im Bergbau oder an die ‹Revolutionierung› der Kommunikationsstrukturen, die im Zuge der Erfindung des Buchdrucks erfolgte, ist zu denken, ohne dessen Existenz es wohl nicht zur raschen Ausbreitung der Reformation seit 1517 gekommen wäre.

Es gab noch eine andere, nicht zu unterschätzende geistes- und kulturgeschichtliche Entwicklung, nämlich den Import griechischer Dokumente aus Byzanz, der seit der Mitte des 14. Jahrhunderts vor sich ging und dem besonders in der ersten Hälfte des 15. Jahrhunderts große Bedeutung zukam. Damals wurden zahlreiche Manuskripte nach Italien gebracht. Es war die entscheidende Phase in der schubweisen Rezeption des antiken Wissens im mittelalterlichen Europa, die seit dem 12. Jahrhundert im Gang war. Lucio Russo spricht in diesem Zusammenhang von der Wiedergeburt der ‹vergessenen Revolution› (‹la rivoluzione dimenticata›) der hellenistischen Wissenschaften.[11] Auf diese Weise lernte etwa Leonardo da Vinci die Werke von Archimedes oder antike Schriften zur Militärtechnologie kennen, und zwar in der damals schwer verständlichen griechischen Form. Deshalb wurden sehr rasch lateinische und italienische Texte angefertigt. Die ‹Geographia› von Claudius Ptolemaeus wurde von Jacopo Angelo 1406 erstmals ins Lateinische übersetzt. Gedruckt wurde dieses wichtige antike Werk allerdings erst 1477. Wesentlich war dabei die Meßbarkeit der antiken mathematischen Geographie, die sich nun als ernsthafte Alternative zu den mittelalterlichen Weltvorstellungen und Weltkarten anbot.

Die europäische Entwicklung und das Westfahrt-Projekt› von Christoph Columbus im globalgeschichtlichen Kontext

In den folgenden sechs Kapiteln gelangt nicht nur die Westfahrt von Columbus zur Darstellung, sondern auch die europäische Entwicklung in der zweiten Hälfte des 15. Jahrhunderts, gefolgt vom Asienbild seit Marco Polo und der Beziehung Europas zur muslimischen Welt im Mittelmeerraum und im Nahen Osten. Das fünfte Kapitel ist Afrika als erstem Objekt der europäischen Expansion gewidmet, danach wird die portugiesisch-kastilische Rivalität im Atlantik verfolgt. Am Ende des Buches steht die Frage nach der globalhistorischen Position Europas am Ende des 15. Jahrhunderts bzw. am Lebensende von Columbus. Dabei soll deutlich gemacht werden, daß die Initiative des Entdeckers ohne die Analyse der mediterranen, euro-asiatischen und euro-afrikanischen Beziehungsfelder nicht zu verstehen ist.

Sowohl die Folgen der Initiative von Christoph Columbus als auch die Entwicklung Europas im 15. Jahrhundert sind häufig im global- bzw. weltgeschichtlichen Zusammenhang gesehen worden. Das gilt bis heute, gleichgültig ob dieser als Interaktion zwischen den Zivilisationen oder als Geschichte der westlichen Welt verstanden wird. Es ist heute klarer denn je, daß eine systemische global- oder weltgeschichtliche Betrachtung letztlich auf einer christlich-abendländischen Auffassung vom Gang der Welt und auf den säkularisierenden und weiterführenden Vorstellungen des aufgeklärten Rationalismus im 18. Jahrhundert basiert. Aufgrund dieser Disposition scheint es fraglich zu sein, ob eine globalgeschichtliche Zugangsweise die europäische Zentriertheit jemals hinter sich lassen bzw. weitgehend relativieren kann. Gegenwärtig ist jedenfalls eine radikale relativistische Konzeption einer außerhalb der europäischen Geschichte zentrierten globalgeschichtlichen Auffassung kaum in Sicht, die westlich-europäischen Historiker und Historikerinnen müßten sich diese erst mühsam abringen und zum Experiment erklären. Dabei fällt in der traditionellen, bis heute nachwirkenden europäischen Auffassung von Weltgeschichte im Hinblick auf die Relation zu den Nachbarkontinenten Europas zweierlei auf: ein negatives Bild von Afrika als zivilisatorisch unterentwickelter und unterlegener Kontinent, andererseits ein positives Bild von Asien im Sinne der Vorbildhaftigkeit oder wenigstens Ebenbürtigkeit.

Eine genauere Untersuchung des Weltverständnisses im europäischen Mittelalter, die hier nicht geleistet werden kann, ließe ein besonderes Interesse Europas für Asien erkennen. Dies zeigt sich, wenn man die auf den mittelalterlichen Karten in T-Form gegebenen ‹Möglichkeitsräume› betrachtet, vor allem ab jenem Zeitpunkt, als seit den Kreuzzügen Jerusalem das Zentrum der kreisförmigen ‹T-Karten› wurde und sich damit Asien als unermeßlicher Raum darstellte. Die T-Form teilte die Erde in Europa (‹links›), Afrika (‹rechts›) und Asien (‹oben›) auf. «Räume für Erfahrungen aus Expansionen waren im mittelalterlichen Weltbild also grundsätzlich vorhanden.»[12] Asien scheint darin der wichtigste Projektionsraum europäischer Sehnsüchte gewesen zu sein, und dies seit der Rezeption der Alexandersage, wo der Reichtum Indiens in den Blick gerät, aber auch fortwährend die Frage nach Spuren und Formen des Christentums gestellt wird – Thomaschristen und Nestorianer in Indien bzw. Asien – und damit die Perspektive einer Verbindung mit christlichen Fürsten, auch als Möglichkeit einer Unterstützung für die Europäer in der Auseinandersetzung mit muslimischen Potentaten, große Bedeutung gewinnt. Auffallend ist dabei auch ein anderes, den Inhalt der mittelalterlichen Karten bestimmendes Moment: die Lokalisierung mythischer Orte wie das ‹irdische Paradies› (‹oben› auf den T-Karten und Orient bzw. Osten, worauf übrigens der Begriff des Orientierens zurückgeht, und damit in Ostasien) oder die Insel des heiligen Brandan im Atlantischen Ozean. Wie ernst auch noch Columbus Informationen und Lokalisationen dieser Art nahm, zeigt seine Identifikation des Orinoko als einen der Paradiesflüsse, er suchte also diesem Phänomen gerecht zu werden.

Die Entwicklung Europas im 15. und 16. Jahrhundert scheint zu einer interaktionistisch-interkontinentalen Betrachtungsweise geradezu einzuladen, und zwar ausgehend von den europäischen Aktivitäten und unter Einbeziehung der Rückwirkungen aus Afrika, Asien und Amerika. Die Geschichte der europäischen Expansion ist älter als diejenige, die zur Entdeckung Amerikas führte. Die Expansionen Europas haben eine lange Tradition, die wenigstens bis ins Mittelalter, ins 11. Jahrhundert, eigentlich aber bis in die Antike zurückreicht. Gewiß basierte die europäische Expansion der Frühen Neuzeit, die wahrscheinlich die bekannteste aller europäischen Expansionen ist, «auf der Konkurrenzsituation europäischen Staaten untereinander».[13] Doch ist das seit dem 16. Jahrhundert typische Konkurrenzverhältnis in nuce schon im 15. Jahrhundert zwischen Portugal und Spanien bzw. Kastilien vorhanden gewesen.

Generell gilt wohl, daß die Beachtung von wirtschaftlichen Aspekten und Interessen der europäischen Expansion des 15. Jahrhunderts schon deshalb von nicht zu unterschätzender Wichtigkeit ist, weil diese Expansion sehr von Handelsstädten getragen war; im Handel ist das dynamische Element dieser Expansion zu sehen. In dem Maße, in dem die Fürstenstaaten sich die Expansion zu eigen machten und politische Ziele verfolgten – Landgewinn mit nachfolgender Mission der zugewachsenen Untertanen –, traten auch andere Perspektiven in den Vordergrund, die mit den Handelsinteressen konkurrierten. Die Dynamik der monotheistischen Religionen und damit auch des Christentums ist höher einzuschätzen, als es heute in der Regel geschieht. Gemeint sind politische und religiöse Ziele, bestärkt durch päpstliche Zusagen. Von Interesse ist während des Mittelalters die seitens der Päpste ausgeübte Lehenspolitik, deren Auftreten als rechtschöpfende Instanz. Sie entsprach dabei den Wünschen weltlicher Fürsten, ihnen Gebiete zu übertragen und damit verbundene Kirchenrechte an sie abzutreten, eine Politik, die sich in den ausgestellten Bullen äußert. Das Papsttum hat damit auch den Konflikt zwischen Portugal und Kastilien vertieft, als die Monarchen beider Länder aus der päpstlichen Politik Vorteile zu ziehen versuchten. Am Beginn des 14. Jahrhunderts war es Kastilien, im 15. Jahrhundert Portugal, das daraus Gewinne erzielen konnte. Eine Art Präzedenzfall war die Belehnung des kastilischen Infanten Luis de la Cerda mit den Kanarischen Inseln im Jahre 1344 durch Papst Clemens VI. Die Rechtsformen der Kurie waren seit der Verleihung Siziliens erprobt und fanden nun auch im außereuropäischen Raum bis zu den Bullen Papst Alexanders VI. Anwendung. Die päpstlichen Bullen der 1450er Jahre dienten hingegen der Absicherung der portugiesischen Afrikafahrten und -unternehmungen und der Begrenzung der kastilischen Konkurrenz.

Zieht man die kontinentalen Beziehungsfelder Europas in Betracht, so wird deutlich, daß Asien im Rahmen der sogenannten ‹Alten Welt› der wichtigste ‹Nachbar-Kontinent› Europas war, jedenfalls wichtiger und von anderer Qualität als Afrika. Die europäisch-asiatischen Beziehungen waren auf Dauer angelegt. So überwanden europäische Reisende, Kaufleute wie Mönche, ungeheure Entfernungen, um nach Asien zu gelangen. Erwartungen im Hinblick auf die Ausbreitung des Christentums und einen einträglichen Handel spielten dabei die wichtigste Rolle. Seit den Kreuzzügen war der Nahe Osten das Sprungbrett bzw. der Ausgangspunkt von Reisen der Europäer in den Mittleren und Fernen Osten. Sie hatten für diese auch einschneidende Erfahrungen im Umgang mit der muslimischen Welt zur Folge. Es zeigte sich, daß es Europa auf Dauer nicht gelang, die heiligen Stätten Palästinas sowie die handelspolitischen Routen mit Asien zu kontrollieren. Im Gegenteil, die kontinentalen Routen der Seidenstraße blieben ebenso unter der Kontrolle der Muslime wie der Handel mit asiatischen Handelsgütern im Vorderen Orient. Dies trug bei den mediterranen Mächten dazu bei, einen modus vivendi mit muslimischen Handelspartnern zu suchen, um an den Reichtümern Asiens zu partizipieren. Die gut entwickelte ‹christliche Seefahrt› bot dafür beste Voraussetzungen. Die Stadtrepubliken Genua, Venedig und Pisa verfügten über ein nautisches Potential, dem die Muslime im Mittelmeer nichts Adäquates entgegensetzen konnten. Von jenen Städten kam es auch zu Impulsen und Initiativen für andere seefahrende Nationen Südeuropas wie Katalonien, Portugal und Kastilien. Sie suchten nach einer nautischen Alternative zum muslimisch geprägten östlichen Mittelmeer. Portugals ‹Sprung› nach

Afrika im Jahre 1415 fand wesentlich früher statt als die Eroberung Granadas durch die Katholischen Könige und war beispielhaft. Portugal bezog in seine Expansionsbestrebungen auch die Atlantikinseln mit ein.

Seit langem bestand ein handels- und wirtschaftspolitisches Gefälle zwischen Europa und Asien: in Europa das Verspüren des Mangels, in Asien das Gefühl des Reichtums und die Auffassung, die Mitte der Welt zu sein bzw. in der Mitte der Welt zu liegen. Dies galt insbesondere für China. Die Europäer reisten nach Asien, umgekehrt gab es kaum Reisebewegungen, am ehesten vom arabisch-persischen Raum aus. In dieser Ungleichheit besteht eine wesentliche Konstante der gegenseitigen Beziehungen, und aus dieser Situation heraus ergaben sich die europäischen Perspektiven. Deshalb suchten die Portugiesen Indien, und Afrika trat in dem Moment in den Hintergrund des Interesses, als Indien erreicht war. Hätte Columbus nicht nach Asien gewollt, wäre das Interesse für sein Unternehmen nicht vorhanden gewesen und von der Krone Kastiliens nicht gefördert worden. Seine spezifische Idee war die Westfahrt, und zwar zu dem Zeitpunkt, als die Portugiesen Indien ostwärts erreichen wollten und schließlich sechs Jahre nach Columbus' erster Reise auch dorthin gelangten. Die Entdeckung Amerikas hat jedoch vieles grundlegend verändert. Das Phänomen ‹Columbus› läßt sich ohne Portugal nicht erklären, es hätte seinen Versuch vielleicht auch nicht gegeben, in Konkurrenz zu Portugal nach Indien zu gelangen. Aber Columbus wie seinen Zeitgenossen stand mit dem Werk Marco Polos nur ein veraltetes Wissen über Asien zur Verfügung. Die mongolischen Großkhane und Kaiser des 13. Jahrhunderts gab es schon lange nicht mehr, die Mongolenherrschaft in China war im 14. Jahrhundert zu Ende gegangen.

Mit dem Zerfall der Mongolenherrschaft wurden im übrigen die Landverbindung und damit die Handelswege zwischen Europa und Ostasien unsicherer. Deshalb gewann die Suche nach dem Seeweg nach Asien – um Afrika herum – an

Attraktivität und erweckte größeres Interesse als je zuvor. Die von Columbus entdeckten Gebiete waren bekanntlich kein Teil Ostasiens, sondern das, was wenig später ‹Neue Welt› (‹Mundus novus›, ‹America›) genannt wurde. Die sprachschöpferischen Zeitgenossen waren keine Seeleute, sondern Gelehrte, jedenfalls Leute, welche die aufgefundenen Gebiete aus eigener Anschauung nicht kannten, sondern sich aus den Berichten der Entdecker ein Bild machten, die neuen Gebiete geographisch definierten und in das vorhandene Weltbild einordneten. Sie stellten in der Regel auch die Welt- und Kontinentalkarten her.

Methodisch beachtenswert ist der Unterschied zwischen dem, was wir aufgrund des heute möglichen Studiums der kartographischen Zeugnisse wissen, und der Tatsache, daß den Zeitgenossen vor 500 bis 600 Jahren dieses Wissen nicht unbedingt zur Verfügung stand, abgesehen von den Eliten, die unter Umständen aber zur Geheimhaltung verpflichtet waren. Auch ist zu bedenken, daß die Karten, Beschreibungen, Aufzeichnungen vor 500 Jahren nicht zu Druck gebracht und somit nicht veröffentlicht worden sind. Trotzdem wird man wohl annehmen dürfen, daß den kursierenden Abschriften und Kopien von Karten damals die Rolle von Drukken zukam. Ferner ist zu bedenken, daß die meisten Karten ihren Gebrauch nicht überdauerten. Lediglich repräsentative Karten, die im Alltag keine Verwendung fanden, sind erhalten geblieben.

Die portugiesischen Afrikafahrten lesen sich, wenn man so will, wie eine ‹unendliche Erfolgsstory›, was die einzelnen Seereisen und die erreichten Küsten anlangt. Deshalb sind sie immer wieder aufgelistet worden. Sieht man jedoch näher hin, so bemerkt man sehr rasch, daß diese ‹Erfolgsstory› immerhin 72 bis 84 Jahre (zwischen 1415 und 1487/88 bzw. 1498/99), also über acht Jahrzehnte umfaßt. Im Vergleich dazu waren Columbus, seine Zeitgenossen und die nachfolgenden Konquistadoren Amerikas erheblich schneller. Die Dynamisierung der europäischen Expansion ist unverkennbar. Merkwürdig bleibt es jedoch, daß weder das große chinesische Reich noch die größeren Länder Europas wie Frankreich, England, Kastilien oder Aragon, sondern das weitaus kleinere Portugal zunächst die Entwicklung bestimmte. Wie ist dieses Phänomen zu erklären, war Portugal doch ebenso wie die meisten Regionen Europas vor allem agrarisch strukturiert und wies im Vergleich zu Flandern und Brabant eine sowohl weitaus geringere Verstädterung als auch das weitgehende Fehlen einer überregional bedeutenden gewerblichen Struktur auf. Der Schlüssel zum Verständnis liegt, wie im einzelnen noch aufgezeigt werden wird, in der engen Verbindung zwischen der fördernden und lenkenden Beziehung der portugiesischen Krone und dem Handel und der Schiffahrt im Atlantik und an den Küsten Afrikas. Gerade diese Sachlage übte auf Columbus ihre Anziehungskraft aus. Für ihn war Portugal ein Land, mit dem er seinen Vorschlag für eine Westfahrt durch den Atlantik realisieren zu können glaubte.

Die andere interessante Frage besteht darin, ob China Anfang des 15. Jahrhunderts auf dem Weg zur maritimen Weltmacht war. Die gegenteilige Entscheidung fiel im Jahre 1433. Ansonsten wäre die ‹christliche› Seefahrt in Bedrängnis geraten, und es wäre ihr eine ernstzunehmende Konkurrenz entstanden. Doch fällt die radikale Änderung des außenpolitischen Kurses Chinas im 15. Jahrhundert fast genau in die Epoche der beginnenden europäischen Expansion im Zuge der portugiesischen Fahrten. Ein maritim starkes China hätte die expandierenden europäischen Mächte im Indischen Ozean und in der Inselwelt Südostasiens kaum Fuß fassen lassen, vielleicht hätten die Portugiesen wegen der chinesischen Präsenz schon in Ostafrika Schwierigkeiten gehabt. Allerdings scheint es nicht erwiesen zu sein, daß es ein Anliegen der chinesischen Politik gewesen ist, unbedingt bis in den Atlantik vorzudringen und sogar Europa anzusteuern. Das war von China aus zu entlegen und offenbar auch zu uninteressant, hatte man die Handelspartner und die Reich-

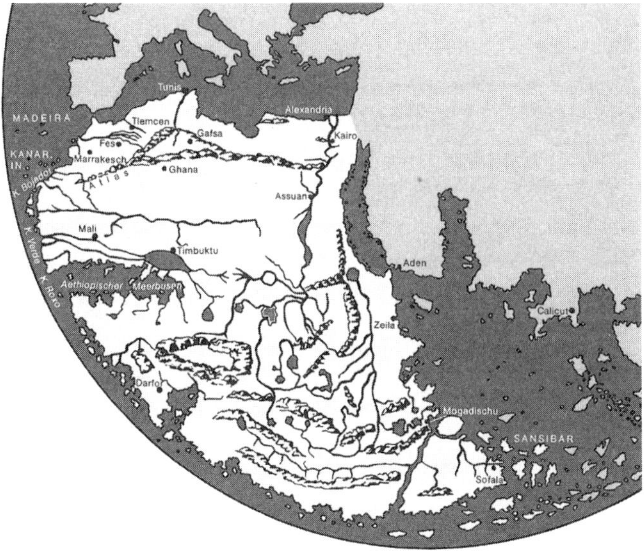

Weltkarte des venezianischen Camaldulensermönches Fra Mauro, 1459. Das Neue am Karteninhalt besteht darin, daß ein umschiffbares Afrika gezeigt wird, das der Auffassung in arabischen Quellen entsprach.

tümer Indochinas und Indonesiens sozusagen vor der eigenen Türe, und auch Indien war nicht zu weit entfernt. Deshalb gab es von seiten Chinas wohl kaum die Ambition, die Südspitze Afrikas von Osten aus zu umsegeln. Die europäischen Handelsmächte hingegen mußten nach neuen, vor allem unbehinderten Zugängen suchen, und dies ging nur auf dem Seeweg um die Südspitze Afrikas herum. Darin bestand der fundamentale Unterschied zwischen den Perspektiven und Ambitionen der Chinesen und der Europäer.

Denn während die Reichtümer Südostasiens für China – relativ gesehen – leicht erreichbar waren und die Kosten für ausgedehnte Fahrten in den Indischen Ozean in der Zeit von Zheng He offensichtlich explodierten, war die Situation der Europäer anders, noch dazu als die nach Asien führende Seidenstraße in den muslimisch-osmanischen Gebieten des östlichen Mittelmeeres endete und damit die Abhängigkeit vom

Zwischenhandel entstand. Abhilfe konnte erst eine ungefährdete Seeroute vom Atlantischen in den Indischen Ozean schaffen. Sie machte nun der seit der Antike bestehenden Schiffahrtsroute durch das Rote Meer bis zur Landenge von Suez, die auf arabischer Seite noch lange benützt wurde, erhebliche Konkurrenz. Auch deshalb war die arabische Schifffahrt nicht an einer Umsegelung Afrikas von Osten her in das ‹Meer der Finsternis›, wie der Atlantische Ozean in der Sprache der Araber genannt wurde, interessiert, auch wenn dies im Jahre 1420 versucht worden sein dürfte, wie die Eintragung auf der Karte von Fra Mauro zeigt.

Erstes Kapitel

Christoph Columbus und sein Westfahrt-Projekt: Werbung in Portugal und Spanien

Wer finanziert das Westfahrt-Projekt von Christoph Columbus, die Krone Portugals oder Kastiliens?

Das sogenannte ‹Westfahrt-Projekt›, also eine Durchquerung des Atlantiks in westlicher Richtung, um Asien zu erreichen, das Christoph Columbus berühmt machen sollte, war keine originäre Idee des Genuesen. Vielmehr hatte der Florentiner Arzt, Gelehrte und Humanist Paolo Pozzo di Toscanelli diese Idee schon im Jahre 1474 an König Alfons V. von Portugal herangetragen, allerdings ohne Erfolg, denn weder dieser noch sein Nachfolger Johann II. nahmen sich dieses Projekts an. In Toscanellis Schreiben an den Kanoniker Fernan Martins de Roriz vom 25. Juni 1474 heißt es u. a.:[14] «Wenngleich ich überzeugt bin, daß man dies auf einem Globus zeigen sollte, so will ich dennoch der geringeren Mühe und des besseren Verständnisses wegen den Weg auf einer Karte erläutern, die den Seekarten ähnelt. Ich sende deshalb Seiner Majestät eine eigenhändig gezeichnete Karte. Auf ihr ist der ganze Westen der bewohnten Welt von Irland bis nach Guinea eingetragen nebst allen Inseln, auf die man unterwegs trifft. Ihnen gegenüber im Westen ist der Anfang von Indien mit den Inseln und Orten gezeichnet, wohin ihr euch nach dem Äquator wenden könnt, und in welcher Entfernung, d. h. in wieviel Meilen ihr zu diesen Gegenden kommen könnt, die alle möglichen Gewürze, Edelgestein und Geschmeide in Fülle bergen. Und wundert euch nicht, daß ich die Teile, wo die Gewürze wachsen, Westen nenne, da man doch gewöhnlich sagt, sie befänden sich im Osten. Gerade (senkrechte) Linien, in der Längenausdehnung der Karte gezeichnet, zeigen die Abstände von Osten nach Westen an; die andren, die quer hindurchgehen, stellen die Entfernungen von Süden nach Norden dar.» Er habe zahlreiche Ortsnamen der «indischen» Länder und Inseln in diese Karte eingetragen. Toscanelli weiß auch von vielen Schiffen, Kaufleuten und Seefahrern zu berichten, ebenso vom Großkhan, dem «König der Könige». Für die Beschreibung Catais mit zahlreichen Städten, Marmorbrücken und Reichtümern schöpfte Toscanelli aus dem Bericht von Marco Polo. «Von der Stadt Lissabon sind es auf der Karte gerade nach Westen 26 Abschnitte, jeder 250 Meilen breit, also nahezu ein Drittel des Erdumfangs, bis zu der ansehnlichen, großen Stadt Quinsay, die einen Umfang von 100 Meilen oder 25 leguas hat. [...] Und von der Insel Antilia, die Ihr Insel der sieben Städte nennt, von der wir Kunde haben, sind es bis zu der berühmten Insel Cipango zehn Abschnitte, d. h. 2500 Meilen oder 625 leguas. Diese Insel ist sehr ergiebig an Gold, Perlen und Edelgesteinen. Man bedeckt dort die Tempel und königlichen Gebäude mit reinem Gold.» Toscanellis Brief endet mit folgender Conclusio: «Da nun der Weg dorthin noch nicht bekannt ist, sind auch alle die andren Wege noch unentschleiert: Man kann jedoch sicher dorthin gelangen.» Gestützt auf Marco Polo, argumentierte Toscanelli nicht nur verbal, sondern schickte auch eine Karte mit, die allerdings nicht erhalten ist, aber aufgrund von Angaben rekonstruiert werden konnte.

Grundsätzlich setzte Toscanellis Vorschlag die Vorstellung von der Kugelgestalt der Erde voraus, die in den gelehrten Kreisen Europas bereits verbreitet wurde. Über diese prinzipielle Frage hinaus waren Richtigkeit und Genauigkeit der Berechnungen von Toscanelli von wesentlicher Bedeutung. Denn daran wurde von den damit befaßten Personen die Machbarkeit des Projekts gemessen. Es ist nicht bekannt, ob mit dem Toscanelli-Vorschlag auch schon eine Kommission befaßt worden war, wie später im Falle von Christoph Columbus. Die Angaben im Toscanelli-Brief beziehen sich auf die Entfernung zwischen Lissabon und Quinsay in China, dem Ziel einer Westfahrt: Sie betrage 6500 Meilen (26 mal 250 Meilen), das sei etwas weniger als ein Drittel des Erdumfangs, somit fast 120 Längengrade, auf dem Weg da-

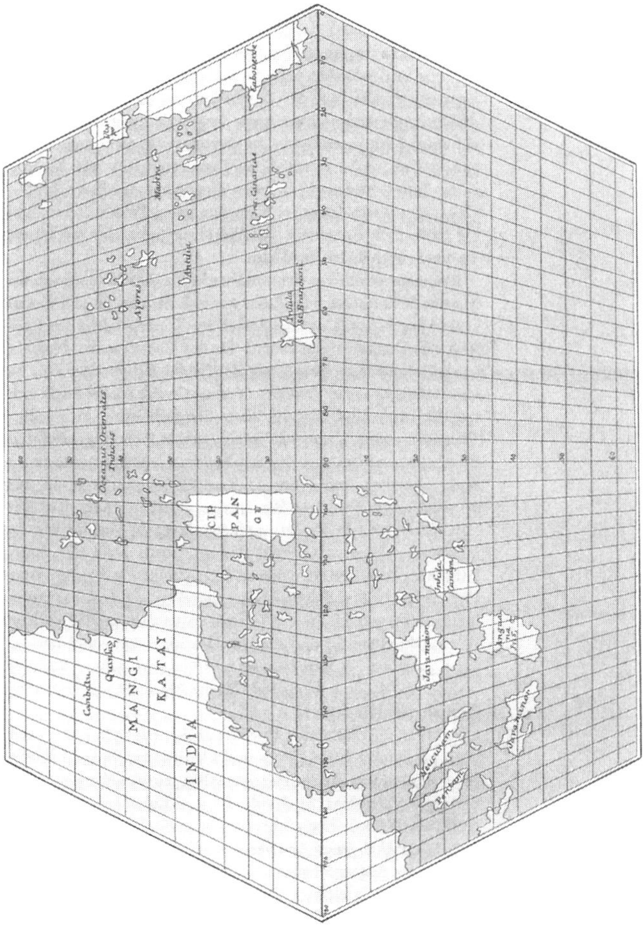

Sogenannte Toscanelli-Karte, 1474, Rekonstruktion. Diese verlorengegangene Karte des florentinischen Humanisten konnte rekonstruiert werden; sie veranschaulicht die zu geringe Größe des Atlantischen Ozeans, die Christoph Columbus sehr willkommen war, um Argumente für seine Westfahrt zu finden.

hin betrage die Entfernung zwischen Antilia und Cipangu/Japan 2500 Meilen, woraus sich für die Entfernung zwischen Lissabon und Antilia 4000 Meilen ergeben.

Columbus muß um 1481 von dem erwähnten Schreiben Toscanellis erfahren haben, denn er hatte seit seiner Heirat Zugang zu den Hofkreisen gefunden. Nach der Darstellung von Las Casas wandte sich Columbus an Toscanelli um eine Abschrift, die er samt Karte von diesem erhalten habe. Diese Darstellung ist immer wieder bezweifelt worden, ja, es wurde sogar der Verdacht der Fälschung geäußert, gerade auch, weil Columbus Toscanelli nicht beim Namen nennt – im übrigen so wenig wie Marco Polo. Richard Hennig hat in akribischer Weise diese Verdachtsmomente zurückgewiesen.[15] Wie auch immer, das Interesse von Columbus für Toscanelli veranschaulicht seine großen Erwartungen in Portugal. Seit Beginn der 1480er Jahre muß dies der Fall gewesen sein und Columbus zehn Jahre beschäftigt haben. Im Jahre 1484 konnte Columbus seinen Plan dem portugiesischen König Johann II. vortragen, der diesen an eine Expertenkommission, die sogenannte ‹Junta dos Mathemáticos›, weiterleitete, die nach eingehender Prüfung ihre Ablehnung aussprach – genauso wie Columbus dies später in Spanien widerfahren sollte. Es ist irrig zu meinen, diese Junta habe aus verständnislosen und ‹rückständigen› Mitgliedern bestanden, welche die ‹sensationelle Idee› von Columbus nicht verstanden hätten. Wenn sie dessen Plan zurückwiesen, dann aufgrund der Vorstellung, daß man den damals weitgehend unbekannten Atlantik nicht in kurzer Zeit überqueren könne. Hinzu kam sicherlich das Faktum, daß Columbus kein neues, sondern ein schon einmal vom portugiesischen Hof abgelehntes Projekt wieder aufnahm. Konnte Columbus deshalb überhaupt eine positive Entscheidung erwarten? Es war weder originell noch taktisch klug, ein in Portugal schon einmal abgelehntes Projekt ‹aufzuwärmen›. Columbus durfte sich eigentlich nicht wundern, wenn er damit abblitzte. Dazu trug letztlich auch seine Forderung nach einer Finanzierung durch die Krone anstelle der üblichen Zusage, die Fahrt auf eigene Kosten zu wagen, bei. Auch später in Spanien sollte es sich als ungünstig erweisen, daß Columbus über keine eigenen Mittel verfügte, die er einbringen konnte. Ferner war der taktische Zeitpunkt schlecht gewählt, denn in diesen Jahren hatte Diogo Cão große Küstenstriche Afrikas für Portugal erschlossen, um bald zur Südspitze des Kontinents zu gelangen und den Seeweg nach Indien zu finden.

Wie König Johann II. zum Projekt von Columbus stand, ist vielleicht aus dem zu erschließen, was viele Jahre später bei João Barros zu lesen ist: «Als der König bemerkte, daß Cristovão Colom ein Großsprecher war und sich seiner Taten rühmte, auch mit mehr Phantasie und Einbildungskraft als Wissen von seiner Insel Cipango sprach, schenkte er ihm nur geringes Vertrauen. Doch da Columbus seine Sache hartnäkkig verfocht, verwies ihn der König an D. Diego Ortiz, Bischof von Çeuta, und die Meister Rodrigo und José (Vizinho), welche er beauftragt hatte, sich mit kosmographischen Angelegenheiten und dem Forschungswesen zu beschäftigen: diese aber bezeichneten die Worte des Christovão Colom als leeres Gerede, das der Einbildung entsprang oder, wie jene Insel Cipango, den Berichten des Marco Polo.»[16] Barros dürfte allerdings nicht in allem recht haben, denn König Johann II. reagierte auf Columbus' Nachfrage zum Westfahrt-Projekt im Jahre 1488 durchaus positiv.

Bei den intensiven Diskussionen um das Westfahrt-Projekt in der zweiten Hälfte des 15. Jahrhunderts ging es im wesentlichen um das Verhältnis zwischen Land und Wasser auf der Erde, vor allem um die West-Ost-Ausdehnung Eurasiens und die sich daraus ergebenden Distanzen im Atlantik zwischen der Westspitze Europas (angenommen in Lissabon) und der Ostküste Asiens einschließlich der vorgelagerten Inseln, vor allem Cipangus. Toscanellis Berechnungen beruhten auf unüberprüftem, autorisierten antiken Wissen. Wie viele vor und nach ihm hat sich auch Christoph Columbus auf die antiken Autoren bzw. Autoritäten verlassen, ohne die Berechnungen auch nur ansatzweise nachzuprüfen. Das gilt für die Messung des Erdumfangs durch Eratosthenes wie für die Angaben von Ptolemaeus. Die ‹mathematische Geographie› ist mit dem Namen von Eratosthenes verbunden, er dürfte die erste ‹wissenschaftliche Karte der Welt› gezeichnet haben, die von Gibraltar im Westen wohl bis Indien im Osten reichte. «Die Bewunderung für Eratosthenes' Leistung war so verbreitet, daß ihr Echo noch Jahrhunderte später von Plinius vernommen werden konnte.»[17] Wahrscheinlich betrug Eratosthenes' Umfang der Erde 252 000 Stadien, in der Rekonstruktion nimmt man 155–160 m pro Stadion an; damit lag der Fehler in einem Bereich «zwischen 0,8 % und 2,4 % über dem richtigen Wert».[18]

Nun ist es von besonderem Interesse, daß die Auffassung von Eratosthenes nur eine von mehreren Varianten des antiken Wissens von der Größe der Erde bzw. den Vorstellungen von der Verteilung von Wasser und Land und der Ausdehnung Eurasiens gewesen ist, die tradiert wurde. Claudius Ptolemaeus und Marinos von Tyrus haben andere Varianten vertreten, nicht zu reden von den Angaben von Alfraganus (Al Farghani), einem berühmten arabischen Astronomen aus dem 9. Jahrhundert. Alle genannten Autoren finden sich in den spätmittelalterlichen Werken von Pierre d'Ailly und Eneas Silvius Piccolomini; sie boten verschiedene Angaben – längere und kürzere – für die Ausdehnung Eurasiens, unter denen man auswählen konnte. Sie waren in der gelehrten Welt bestens bekannt; von Columbus und seinem Bruder Bartolomé wissen wir aufgrund von Randnotizen nicht nur, daß sie die genannten Werke gekannt, sondern auch rezipiert haben. Dabei wird ersichtlich, daß die Gebrüder Columbus die kürzeren Entfernungsangaben bevorzugt haben, um die Westfahrt-Idee zu untermauern.

Christoph Columbus besaß eine nicht unbeachtliche eigene Bibliothek von mindestens 2000 Titeln. Er war Autodidakt und wissenschaftlich nicht versiert. Seine Vorstellungen können deshalb gut rekonstruiert werden, weil er in seinen eigenen Büchern Randnotizen hinterlassen hat. Sein selektives und autoritätsgläubiges Vorgehen kam dadurch zum Ausdruck, daß er ziemlich wahllos Ansichten verschiedener Autoren – christlicher, islamischer, antiker und des Alten Testaments – kombinierte, wie er es brauchte, um seine Ansichten zu stützen und zu rechtfertigen. Aus den antiken Autoren ragt Plinius der Ältere (‹Naturalis Historia›) heraus; Christoph besaß einen Druck von 1489. Pierre d'Ailly, von dessen Werk ‹Ymago Mundi› von 1410 Columbus einen Druck aus dem Jahre 1483 besaß, bestärkte ihn, wie seine Randglossen beweisen, in der Vorstellung der Kugelgestalt der Erde und ihrer Unterteilung in 360 Grade und in vielen anderen Fragen. Die Kenntnis des Alten Testaments, beispielsweise Jesaias und des Buches Esra, gab eine Verteilung von Wasser und Land aus der Erde vor, die sehr zugunsten des Landes sprach, etwa im Verhältnis 6 zu 1. Es wird noch näher darauf einzugehen sein, daß Columbus eine gedruckte Polo-Ausgabe aus dem Jahre 1485 besaß, worin seine Marginalien zu finden sind. Möglicherweise hat er auch schon früher Marco Polo gekannt, jedenfalls scheint er sich in den Jahren danach, wie seine Randnotizen zeigen, nochmals über Details vergewissert zu haben. Das Studium von Marco Polo muß Columbus in der Ansicht der großen West-Ost-Ausdehnung Asiens bestärkt haben. Die Ausgabe von Enea Silvio Piccolominis ‹Historia rerum ubique gestarum regionum orientalium› war hingegen etwas älter und stammt aus dem Jahre 1477.

Trotzdem bleibt in Anbetracht der Erscheinungsjahre der meisten genannten Werke das Problem bestehen, ob die Randglossen von Christoph und seinem Bruder Bartolomé frühestens aus der zweiten Hälfte der 1480er Jahre stammen, also in der Argumentation für eine Westfahrt in Portugal nicht die Rolle spielten wie in den späteren Jahren. Dies gilt vor allem für viele Details zu Pierre d'Ailly, wo eine Einteilung der Erde in bewohnbare und unbewohnbare Zonen vorgenommen wird, wo Christoph Columbus in einer Glos-

Weltkarte von Claudius Ptolemaeus aus dem wohl 1466 entstandenen, handkolorierten Kodex (Neapel). Auf dieser rekonstruierten Karte der antiken Welt erstreckt sich Eurasien in einer Ausdehnung von 180 Grad. Afrika wird als nicht umschiffbar dargestellt, der Indische Ozean hat den Charakter eines Binnenmeeres.

se von der Rückkehr von Bartolomé Dias (1488) nach Portugal berichtet, als sei er persönlich dabei gewesen, oder wo von den verschiedenen Berechnungen der Erdgröße berichtet wird, um nur einige Stellen und Abschnitte im Werk von d'Ailly zu nennen, die durch Christoph und Bartolomé Columbus besondere Beachtung fanden.[19]

Daß es lange nach Eratosthenes zu neuen, abweichenden Auffassungen kam, ist wohl nur auf die fehlende Kontinuität der römischen Kaiserzeit zur Zeit der Griechen zurückzuführen. Während jedoch Eratosthenes einen Längengrad mit 700 Stadien angab, setzten Marinos und Ptolemaeus lediglich 500 Stadien dafür an. Beide waren von der kürzeren Entfernung überzeugt und damit ungenauer als Eratosthenes, denn die Welt in der Kaiserzeit konnte doch nicht kleiner geworden sein. Claudius Ptolemaeus hatte bei einer Längeneinteilung der Erde in 360 Grade die West-Ost-Ausdehnung Europas und Asiens, von den Kanarischen Inseln aus gerechnet, mit 180 Grad angenommen. Das war viel zu viel und entsprach nicht der Wirklichkeit von etwa 120 Grad. Ptolemaeus hatte dabei schon die Angaben des antiken Mathematikers Marinos von Tyrus korrigiert, der für die Landmasse einen Wert von 225 Längengraden errechnet hatte, so daß für die übrigen Entfernungen auf der Erde nur noch 135 Längengrade übrig blieben. – Tatsächlich ist das Verhältnis genau umgekehrt.

Nun ist zu bedenken, daß die Ptolemaeus-Karten mit ihrer 180-Grad-Ausdehnung Eurasiens im Osten nur bis zum Südchinesischen Meer (‹Sinus magnus›) reichten, also ein Teil von China, vor allem aber Japan und die indonesische Inselwelt (Gewürzinseln) ausgeschlossen blieben, worüber man in Europa erst durch Marco Polo und andere wußte. Daher rechnete Christoph Columbus noch einige Grade dazu, und für den Atlantik östlich von Asien nochmals; außerdem griff er auf die Angaben des Marinos von Tyrus zurück und verlängerte dadurch die Ausdehnung Asiens, ferner rechnete er die Entfernung Japans von China ein. So verblieben für die Entfernung Westeuropas von Japan bzw. ‹Cipangu› nur 60 oder 70 Längengrade, mit anderen Worten, ein schmaler Atlantischer Ozean! Eine weitere Verkürzung der Längenausdehnung Asiens nahm Columbus vor, indem er von den Angaben des Alfraganus (Al Farghani) ausging. Er übertrug die von Alfraganus benützte arabische Meile auf die viel kürzere römische und setzte für den Abstand der Längengrade am Äquator nur einen Wert von etwa 80 Kilometern an. (Tatsächlich beträgt er 111 Kilometer bzw. 60 Seemeilen.) Columbus ging letztlich davon aus, daß er etwas mehr als 4000 Kilometer zurücklegen müßte, um nach ‹Cipangu› zu gelangen, «das sich nach seiner Schätzung mitten in einem eigentlich 20 000 Kilometer breiten Ozean (läge nicht der amerikanische Kontinent dazwischen) befinden mußte: nämlich auf der Höhe der (nach dem mythischen Antilia benannten) Antillen, wo er dann im Jahre 1492 zum erstenmal amerikanischen Boden betrat».[20]

Christoph Columbus geht von Portugal nach Spanien

Christoph Columbus hat Lissabon in der zweiten Hälfte des Jahres 1484 oder zu Beginn des folgenden Jahres überraschend verlassen; Las Casas meint, er habe es heimlich getan. Sein Bruder Bartolomé blieb jedoch als Kartenzeichner in Lissabon zurück. Es entsteht der Eindruck, daß Christoph Schulden hatte und vor den Gläubigern die Flucht suchte und deshalb nach Andalusien ging. Zwei Indizien deuten darauf hin: erstens das Schreiben, das König Johann II. Columbus ein paar Jahre später zukommen ließ. Darin heißt es: «Da Ihr auf Grund einiger Angelegenheiten, in die Ihr verwickelt seid, von unseren Richtern vielleicht einige Gefahr zu erwarten habt, so sichern wir Euch durch vorstehenden Brief für Ankunft, Aufenthalt und Rückkehr zu, daß Ihr weder verhaftet noch zurückgehalten, angeklagt, vorgeladen noch ausgefragt werden sollt, gleichviel ob die Ursache ziviler oder krimineller Art ist von irgendwelcher Beschaffenheit.»[21] Zweitens ist in Columbus' Testament auch die Rede davon, daß einigen Personen Geldbeträge zu erstatten seien, die im Rahmen von Geldgeschäften in Lissabon getätigt worden waren. Diese Quellenzeugnisse bringen eines zum Ausdruck, daß nämlich Cristovão Coloms achtjähriger Aufenthalt in Portugal wirtschaftlich höchst ungesichert blieb, schon deshalb, weil allein die Vorbereitung und Vertretung des Westfahrt-Projekts, etwa durch die Aufenthalte am Hof, nicht wenig Geld gekostet haben werden.

Columbus ging nach Andalusien, in die Gegend zwischen Palos und Huelva, wo er offenbar mit der Hilfe von zwei Brüdern seiner verstorbenen Gattin Felipa rechnen konnte. Es war jedoch von Beginn an nicht sicher, ob er in Spanien bleiben würde, wie aus einer Aussage seines Förderers, Don Luis de la Cerda, Graf von Medinaceli, aus dem Jahre 1493 hervorgeht, wo es heißt: «Ich habe den Cristoforo Colombo lange in meinem Haus beherbergt, als er von Portugal kam und die Absicht hegte, sich zum König von Frankreich zu begeben.»[22] Woran er sicherlich festhielt, war sein Westfahrt-Projekt, das er dem Prior Juan Pérez sowie dessen Mitbruder Antonio de Marchena des Franziskanerklosters La Rábida, wo er seinen Sohn Diego unterbrachte, vortrug. Beide Geistliche hatten – und dies sollte für die Zukunft entscheidend werden – nicht nur Zugang zum Königshof – Pérez war Page und Beichtvater am Hofe Königin Isabellas gewesen, Marchena ein Gelehrter, Humanist, Kosmograph und Nautiker –, sondern sie eröffneten Columbus auch Finanzierungsmöglichkeiten, und zwar in der Person des Herzogs von Medina Sidonia, Don Enrique de Guzmán. Dieser gehörte den vermögendsten Grandenfamilien an und eröffnete dem späteren Entdecker die Verbindung zum spanischen Hochadel. Der Herzog dürfte sich für die Ideen des Columbus interessiert haben, dieser mag im Jahre 1485 seine Gastfreundschaft genossen und die Zusage für die Finanzierung einiger Karavellen erhalten haben. Neben diesen Finanzierungsmöglichkeiten durch die spanische Hocharistokratie war für Columbus der Kontakt zum Königshof entscheidend, der durch Don Luis de la Cerda hergestellt wurde. Dieser treue Untergebene des Königshauses konnte über das Projekt von Columbus jedoch nur im Einvernehmen mit der Krone entscheiden. Er war es, der die Königin davon unterrichtete und Columbus eine Audienz verschaffte.

Medina Sidonia, Medinaceli, Marchena, Pérez – und später Luis de Santángel – bringen eine persönliche Konstellation zum Ausdruck, die an die Vorbereitungen der späteren Conquistas erinnert, bei denen es darauf ankam, Zugang bei Hofe zu bekommen sowie private Geldgeberschaft, aber auch nautische und militärische Kompetenzen zu kombinieren und effizient zu gestalten. Ohne das Einverständnis des Hofes konnten diese Aktivitäten jedenfalls nicht erfolgversprechend entfaltet werden. Wie damals in Portugal nahm Columbus nun auch in Andalusien eine jahrelange Werbekampagne auf sich, um auf sein Westfahrt-Projekt aufmerksam zu machen, die erst 1492 ein positives Ende fand. Kraft seiner Kontakte zum Hof lernte der den königlichen Hauptschatzmeister Alonso de Quintanilla, ebenso Kardinal Pedro González de Mendoza, den Erzbischof von Toledo, kennen. Aber erst im Mai 1492 gelang es ihm, in der zu einer Kirche umfunktionierten Moschee von Córdoba einen Audienztermin zu bekommen. Über den Inhalt der Unterredung ist allerdings wenig bekannt. Immerhin hat Andrés Bernáldez, später ein enger Vertrauter von Columbus, in seiner ‹Historia de los Reyes Católicos›, einer Geschichte der Katholischen Könige, folgendes ausgeführt: Columbus «erzählte ihnen das, was er sich ausgedacht hatte, und sie [...] schenkten ihm nur wenig Glauben. Er drang in sie und beteuerte, daß er die Wahrheit sage; er zeigte ihnen auch eine Weltkarte. Schließlich wurde bei ihnen der Wunsch lebendig, mehr von jenen Ländern zu erfahren.»[23] In der Einsetzung einer Kommission, wie ehedem in Portugal, kam das Interesse des Hofes für Columbus' Projekt zweifellos zum Ausdruck. Damit ließ das Königspaar die Erörterung des Projekts beginnen, auch stand Columbus offiziell im Dienste der Krone. Die Kommission unter dem Vorsitzenden Hernando de Talavera, dem Ratgeber und Beichtvater von Königin Isabella und späteren Erzbischof von Granada, sollte jedoch keineswegs zu einer Entscheidung gelangen. Eile war ohnehin nicht geboten, waren die Könige doch an der Eroberung von Granada mehr interessiert und mit dieser Aufgabe finanziell präjudiziert. Die Kommission tagte meist in der Universität Salamanca. Aber im Detail ist darüber wenig bekannt, auch über etwaige Vorladungen des Columbus nicht.

Las Casas hat über diese Zeit des Wartens folgendermaßen berichtet: Columbus «begann einen schrecklichen, schmerzensreichen und endlosen Kampf zu führen; ein mit scharfer Klinge geführter Kampf hätte nicht so unerbittlich und grausam sein können wie jenes unablässige Ringen mit den vielen Menschen, die er überzeugen sollte, ohne daß sie ihn verstanden, die sich aber anmaßten, alles besser zu wissen: jener stille Kampf mit den zahlreichen Gegnern, denen er geduldig antworten mußte, ohne daß sie begriffen, wer er war, die ihm ohne Achtung und mit beleidigender Rede begegneten, so daß er in der Seele betrübt war.»[24] Er leistete damit dem Bild von den unwissenden, uneinsichtigen Menschen in Spanien, die ihn jahrelang behindert hätten, Vorschub. In der Literatur wurde dieses Bild weiterentwickelt und ein Gegensatz zwischen bornierten Würdenträgern mittelalterlicher Prägung und einem die Wahrheit verkündenden Visionär konstruiert. Doch bestand kein Zweifel darüber, daß die Gelehrten Spaniens auf der Höhe der Zeit standen. Wie Jahre zuvor in Portugal müssen sich diese Gelehrten auf Ptolemaeus gestützt haben und deshalb eine geringere Ost-West-Ausdehnung Eurasiens angenommen haben. Vor allem empfand es die Kommission als ungehörig, das Ansehen des Königspaares mit dem Columbus-Projekt zu belasten. Das stellte wohl den absoluten Tiefpunkt im Leben von Christoph Columbus dar. Der Bericht seines Biographen Gonzalo Fernández de Oviedo y Valdés über die Jahre um 1490 dürfte in groben Zügen der Wahrheit entsprechen. Dort heißt es: «Fast sieben Jahre dauerte diese Zeit der Widerwärtigkeiten, die man ihm bereitete, ihm, der doch der königlichen Krone Kastiliens so große Reichtümer und Länder bringen wollte. Aber sein Mantel war zerschlissen, und deshalb hielt man ihn für einen Träumer und Schwärmer und nannte alles Fabeln, was er sagte und erzählte. Außerdem war er ein Unbekannter und Ausländer, so daß niemand ihm Förderung erwies.»[25]

Vor allem war es fraglich, ob die Krone Interesse an einer maritimen Expansion hatte, da der Krieg gegen Granada derartige Überlegungen in dieser Zeit gar nicht recht aufkommen ließ. Erst im Jahre 1491, also noch vor der Übergabe Granadas an die Katholischen Könige, wurde eine Kursänderung erkennbar. In diesen Jahren fand Columbus Rückhalt und Unterstützung bei Beatriz Henríquez de Arana, der Mutter seines zweiten Sohnes Fernando, die er in Córdoba kennengelernt hatte. Sie brachte 1488 Fernando/Hernando zur Welt. Ihr vermachte er später eine Jahresrente von 10 000 Maravedís und mahnte in seinem Testamentszusatz aus dem Jahr 1505 seinen ehelichen Sohn Diego: «Und ich befehle ihm für Beatriz Henríquez, die Mutter meines [natürlichen] Sohnes Don Fernando, Sorge zu tragen, sie mit den nötigen Mitteln zu versehen, daß sie davon würdig leben kann; sie ist ein Mensch, dem ich tief verpflichtet bin; dies soll zur Entlastung meines Gewissens geschehen, denn es drückt schwer auf meiner Seele. Ausführlicher darüber zu sprechen ziemt sich hier nicht.»[26] Möglicherweise ist Christoph Columbus in den Jahren vor 1492 von Beatriz finanziell unterstützt worden.

Im Jahre 1491 war Columbus im Begriff, nach vielfachen Enttäuschungen Spanien zu verlassen. Auch war ein Ende der Belagerung von Granada nicht abzusehen; damit stand der Maurenkrieg im politisch-militärischen Kalkül der Katholischen Könige weiterhin an erster Stelle. Vielleicht trug er sich schon mit dem Gedanken, nach Frankreich zu gehen, um König Karl VIII. seine Pläne vorzutragen? Über seinen Bruder Bartolomé wären Beziehungen zum französischen Hof damals durchaus möglich gewesen. Noch einmal versuchte Christoph Columbus, über das Kloster La Rábida mit dem Königshaus in Verbindung zu treten. Dessen Vorsteher Juan Pérez stellte den Kontakt her. Bereits nach kurzer Zeit erhielt dieser eine Benachrichtigung der Königin, daß er sich am Hofe einzufinden habe und jener Colón «völlig darüber beruhigt werden solle, daß Ihre Hoheit ihm schreiben werde, und er möge so lange warten».[27] Warum die Könige gerade zu diesem Zeitpunkt bereit waren, sich mit Columbus' Plänen auseinanderzusetzen, bleibt unklar. Meistens wird die psychologische Plausibilität geltend gemacht, die Situation kurz vor der Eroberung der letzten muslimischen Bastion Granada, zu der es Anfang Januar 1492 kommen sollte, habe bei Königin Isabella Verständnis für Columbus aufkommen lassen. Doch lassen sich die personenbezogenen Konflikte und Perspektiven nicht ohne weiteres dadurch erklären.

Im Sommer 1491 traf Columbus in dem befestigten Lager von ‹Santa Fe› bei Granada ein, wo sein der Königin vorgetragener Plan wie früher wieder einer ‹Junta›, einer Kommission übergeben wurde, die allerdings sehr rasch ihre positive Entscheidung dem königlichen Rat anheimstellte, der über die Modalitäten hinsichtlich der vorgeschlagenen Fahrt zu befinden hatte. Dabei zeigte sich, daß die von Columbus gestellten Bedingungen eine Genehmigung seines Planes durch die Krone absolut unmöglich machten. Im Grunde riskierte Columbus alles. Es mochte noch angehen, wenn er den Adelstitel eines ‹Don› für sich und seine Nachkommen verlangte, auch wenn er den Rang eines Admirals forderte, übrigens mit denselben Privilegien, wie sie dem Großadmiral von Kastilien zustanden. Das gleiche galt für den Wunsch nach einem Zehntel aller künftigen Einkünfte an den neu entdeckten Ländern sowie nach der persönlichen Beteiligung an allen Handelsunternehmungen zu einem Achtel. Aber die

Forderung nach dem uneingeschränkten Richterrecht in allen aus dem Handel entstehenden Streitfragen und das Recht, in den entdeckten Gebieten Richter und Beamte einzusetzen, mußte ebenso die königlichen Prärogativen verletzen wie der Anspruch auf den Titel eines Vizekönigs und Generalstatthalters in diesen Gebieten. Oder sollte Columbus die königlichen Prärogativen vollständig vertreten? Das ist schwer zu beurteilen. War dies nicht gerade auch für die Krone von Vorteil, indem Columbus die Könige vertrat, wenn er dem Großkhan gegenübertreten würde? Jedenfalls heißt es in dem sogenannten Schutzbrief, einer Art diplomatischem ‹Reisepaß› für Columbus: «Wir schicken heute den edlen Herrn Christoph Kolumbus mit drei gut ausgerüsteten Karavellen durch die ozeanischen Meere nach Indien um des Dienstes an Gott und der Verbreitung des rechten Glaubens willen sowie auch zu Unserem Vorteil und Nutzen. Und obgleich Wir glauben, daß er Unsertwegen und wegen Eurer Liebe zu Uns Euch anempfohlen sein wird, wenn er vielleicht durch Meere, Häfen, Küsten, Länder, Städte und andere Teile Eurer Königreiche, Fürstentümer und Euch untertaner Länder, Orte, Gebiete und Gerichtsbarkeiten kommt, wünschen Wir doch sehr, daß er mit seinen Schiffen, Leuten, Waffen, Gütern, seiner Habe und seinen Waren und allem anderen, was er sonst noch mit sich führen mag, überall gut behandelt wird.»[28] – Eine merkwürdige Vorgehensweise dem Großkhan bzw. Kaiser von China und anderen Herrschern Asiens gegenüber, war doch von Mission, dem Nutzen und Vorteil der Katholischen Könige die Rede! Jedenfalls gaben die Abmachungen mit Columbus für die künftigen Conquistas vieles vor, worauf die Krone später eingehen sollte, auch wenn diese letztlich verhinderte, daß Konquistadoren zivile Aufgaben auf Dauer wahrnahmen.

Columbus manövrierte sich in eine aussichtslose Position, auch wenn Las Casas meinte, den Entdecker hätten die Sorgen so bedrängt, «daß es eigentlich schien, als müsse er sich mit dem Angebot zufriedengeben, das man ihm vorlegte. Die

Könige erwarteten, daß er seine Ansprüche mäßigen würde, und deshalb gaben sie ihm zunächst einmal das, was er für seine Reise brauchte, und darüber hinaus erhielt er so viel, wie er vernünftigerweise erwarten konnte. Aber er gab in keinem Punkt nach, sondern beharrte unabänderlich auf seinen einmal gestellten Forderungen.»[29] Ohne Intervention von Luis de Santángel hätte die Angelegenheit für Columbus ebenso negativ wie seinerzeit in Portugal geendet. Wohl deshalb adressierte dieser am Ende seiner ersten Reise seinen Bericht, der als sogenannter ‹Columbusbrief› in Europa kursierte, an Santángel und nicht an die Monarchen Kastiliens und Aragons, denn als Finanzverwalter Aragons war dieser einer der wichtigsten Männer am Hofe, privat war er als Geschäftsmann tätig. Für ihn schien Columbus' Plan von wirtschaftlichem Interesse, er war auch bereit, einen Großteil der Kosten der Westfahrt zu übernehmen. Er hat wohl auch der Krone die Erwartungen schmackhaft gemacht, an den von Columbus prognostizierten Reichtümern Asiens partizipieren zu können sowie religiöse Erwartungen zu unterstützen, ohne finanziell viel zu riskieren oder die vertraglichen Zusagen an Columbus wörtlich einlösen zu müssen. Alles hing vom Erfolg der Fahrt von Columbus ab. Am 17. April 1492 billigten die Könige das Unternehmen; damit war die Ausrüstung der Schiffe gesichert.

Zweites Kapitel

Die christliche Staatenwelt Europas zur Zeit von Christoph Columbus (1451–1506): Innere Heterogenität und partielle Stärke nach außen

Christoph Columbus: Herkunft und Persönlichkeit

Es gilt als gesichert, daß Christoph Columbus zwischen Ende August und Ende Oktober 1451 in Genua geboren wurde. Selbstaussagen von Christoph Columbus über seinen genuesischen Geburtsort liefern den Beweis, so die Majoratsverfügung für seinen Sohn Diego aus dem Jahre 1498. Im übrigen paßte Christoph Columbus seinen Namen an, aus Cristoforo Colombo, einem im übrigen häufigen Namen, wurde Cristovão Colom (portugiesisch) und Cristóbal Colón (kastilisch). Über Christoph Columbus scheint schon deshalb wenig bekannt zu sein, weil er offenbar selbst seinen familiären Hintergrund verschleiert hat. Zu seiner sozialen Herkunft sind nur wenige Zeugnisse aus späterer Zeit vorhanden. Aus ihnen läßt sich folgendes erschließen: Väterlicherseits kam die Familie Columbus aus der ländlichen Region, 30 km östlich von Genua, von wo Columbus' Großvater Giovanni stammte. Dieser hatte sich zu Beginn des 15. Jahrhunderts in Quinto an der Küste bei Genua niedergelassen. Er war Wollweber und gab dieses Gewerbe an seinen Sohn Domenico weiter, dem er in Genua eine Lehrstelle bei einem flämischen Tuchmacher verschaffte. Domenico, der Vater von Christoph Columbus, wurde Meister der Wollweber, in Genua gehörte er der Zunft der Tuchmacher an. Über die Familie der Mutter Susanna di Fontanarossa ist fast nichts bekannt.

Christoph bzw. Cristoforo hatte vier Geschwister: Pellegrino, sein ältester Bruder, starb jung. Bartolomeo/Bartolomé war zeitlebens eng mit Christoph verbunden; er sollte später zum Statthalter von Hispaniola aufsteigen. Sein jüngster Bruder hieß Giacomo/Diego und nahm an Christophs zweiter Reise teil. Bianchietta, seine Schwester, die mit 20 Jahren verheiratet wurde, blieb von ihren Brüdern unerwähnt. Bis

1470, als der Vater Domenico nach Savona übersiedelte, ist über die Familie Columbus wenig bekannt. Der Ortswechsel erklärt sich dadurch, daß Domenico Columbus bessere Geschäftschancen suchte, da sein Wollgeschäft in Genua stagnierte und er hier einmal seiner Schulden wegen im Gefängnis gesessen hatte. Vielleicht hing der Weggang nach Savona auch mit dem politischen Abstieg und dem Scheitern der politisch einflußreichen genuesischen Familie Campo Fregoso im Jahre 1464 zusammen, der Domenico Columbus sein Wächteramt verdankte. In Savona war Domenico auch Gastwirt – er betrieb nebenbei einen Weinausschank –, aber seine finanzielle Lage besserte sich nicht. 1473 mußte das Haus der Familie Columbus in Genua verkauft werden. Christoph übernahm auch Verantwortung bei Geschäften seines Vaters, offenbar bürgte er für ihn, so 1470, wie eine Urkunde über eine Weinlieferung bezeugt. 1472 kaufte er zusammen mit seinem Vater Wolle ein, und 1473 unterzeichnete er auch den Vertrag über den Verkauf des elterlichen Hauses in Genua. Ab diesem Zeitpunkt dürfte er sich von den Geschäften seines Vaters getrennt haben, allerdings ist zwischen 1473 und 1476 über Christoph kaum etwas bekannt.

War das Schicksal Domenicos symbolisch für den wirtschaftlichen Niedergang Genuas im 15. Jahrhundert, insbesondere nach 1453, dem Jahre der Eroberung Konstantinopels durch den Sultan? Seit der Mitte des 15. Jahrhunderts war der Levantehandel für die europäischen Mächte und damit auch für die italienischen Seerepubliken stark beeinträchtigt. Schon zuvor hatte Genua im Kampf mit Venedig seine führende handelspolitische Position eingebüßt. Überdies war der Textilhandel an Florenz übergegangen, das mit orientalischen Seidenstoffen sowie Brokatstoffen handelte und damit große Gewinne erzielte. Dadurch gelangten die finanzkräftigen Weber zu Reichtum, während kleinere Webmeister wirtschaftlich zurückblieben und unter Umständen ruiniert wurden. Jedenfalls scheinen Kindheit und Jugend des Christoph Columbus von der Geschäftsmisere seines Vaters geprägt gewesen zu sein, der auch nach seiner Rückkehr nach Genua von Schulden nicht verschont bleiben sollte. Seine Söhne verließen Genua jedenfalls.

Die Frage nach der Ausbildung von Christoph Columbus kann schwer beantwortet werden. Sein Sohn Fernando brachte die Legende im Lebenslauf seines Vaters auf, dieser habe an der Universität Padua studiert. Das väterliche Handwerk ergriff er jedenfalls nicht. Christoph war zweifellos Autodidakt, zumindest was seine Kenntnisse in Kartographie, Astronomie und Latein betraf. Dazu existieren einige Selbstaussagen: Er habe, seit er Seemann war, «mit Fleiß in allen Schriften, Erdbeschreibungen, Geschichtsbüchern, Chroniken, Philosophiewerken und anderen Büchern gelesen».[30] Seine späteren Konflikte mit Hofinstanzen, Adeligen und Offizieren lassen das Selbstbewußtsein eines Stadtrepublikaners erkennen. Zum bildungspolitischen Ausgangspunkt, zu seiner Kenntnis antiker und mittelalterlicher bzw. zeitgenössischer kosmographisch-geographischer Literatur, seiner für die Epoche der Renaissance typischen Belesenheit und seiner Fixierung auf das Buchwissen meint Günther Hamann: «Seine Autoritätsgläubigkeit wie seine Leichtgläubigkeit waren groß und grenzten nicht selten an Naivität. Ob sakrale oder profane Texte – er deutete das Gelesene immer subjektiv. Ja, er bezog geeignete Stellen aus alten Autoren (Strabo, Seneca, Plinius, Ptolemäus) wie aus der Heiligen Schrift (Jesaias) sogar im Sinne von Prophezeiungen oder göttlichen Aufträgen auf sich selbst; und sein geographisches Programm wurde, als wäre das eine Selbstverständlichkeit, mit den deduktiven Lehren seiner Autoren stets in Einklang gebracht. Sein eigenwillig zusammengetragenes und zurechtgelegtes Bildungsarsenal [...] wurde in seinen Händen zu einer Art Selbstermunterungsprogramm und gleichzeitig zu einer nie versiegenden Inspirationsquelle, aus der er moralische, geistige und auch körperliche Kräfte schöpfte.»[31]

Was heißt dies im einzelnen? Seine Belesenheit, die sich in einer Fülle von Randnotizen äußerte – das Werk ‹Ymago mundi› von Pierre d'Ailly ist ein besonders ausdrucksstarkes Beispiel dieser Art –, galt auch für das Alte Testament und die für das Mittelalter typischen Wundergeschichten, u. a. die der ‹sagenhaften›, seit dem frühen Mittelalter im Atlantik lokalisierten und für real erachteten Insel ‹Antilia›. Dem standen allerdings seine Beobachtungen als Seefahrer gegenüber. Er war für seine Zeit ein außerordentlich gut gebildeter, d. h. theoretisch ausgebildeter Seefahrer, und dies vor allem in Fragen der Erdvorstellung etc., wie sie in Humanistenkreisen verbreitet war, nicht aber im Kreise von Seefahrern. Allerdings glaubte Columbus dies auch zu wissen, und dies scheint zu seiner Insistenz im Hinblick von einmal als richtig erkannten Einsichten, Vorstellungen und Ideen geführt zu haben. In Columbus muß, wenn er für sein Westfahrt-Projekt vergeblich argumentierte, das Gefühl entstanden sein, «gegen den Rest der Welt anzutreten, um sich und seine Idee durchzusetzen»,[32] ein Starrsinn, der seine Umgebung irritieren mußte und ihm viele Antipathien eintrug.

Für Columbus wiederum muß die Durchsetzung seiner Ideen sehr eng mit der Erwartung des sozialen Aufstiegs verbunden gewesen sein. Dies sollte ihm jedenfalls gelingen, wie seine Heiratsbemühungen seit seiner Erhebung in den Adelsstand zeigen. In dieser Hinsicht lohnte sich die konsequente Haltung des Entdeckers. Gleichzeitig fällt jedoch auf, daß Columbus ein Gefangener seiner Ideen war, was so weit ging, daß sie ihn behinderten, die ‹Wahrheit› zu erkennen, d. h. er konnte bzw. wollte einfach nicht verstehen, daß er keineswegs nach Asien gelangt war. Daran hielt er bis an sein Lebensende fest. Nur so erklärt sich seine Handlung während der zweiten Reise, als er seine Mannschaft auf seine Vorstellung einschwor, daß Kuba keine Insel, sondern ein Teil des asiatischen Festlandes sei.

Unverkennbar ist Columbus' religiös geprägte Grundhaltung. Seine Beschäftigung mit Prophezeiungen, z. T. orientiert am Alten Testament, mögen ihm die ‹Selbstermunterung› erleichtert und ihm Sinngebungen geliefert haben. Die Beispiele dazu aus dem Buch der Prophezeiungen sind zahlreich, das Columbus am Ende seines Lebens im Jahre 1502 mit Hilfe von Fray Gaspar Gorricio, der Kartäusermönch in Sevilla war, geschrieben hat und das in vielfacher Weise auf das Buch Salomon und den Propheten Jesaia und andere Bücher des Alten Testaments sowie auf die Evangelien des Neuen Testaments Bezug nimmt.[33] So hat Columbus aus dem Propheten Jesaia all jene Stellen herausgeschrieben, wo von der Welt, von Inseln und dem Meer sowie dem auserwählten Knecht die Rede ist. Es geht u. a. um die Zitate «Singet dem Herrn ein neues Lied, seinen Ruhm an der Welt Ende, die auf dem Meer fahren und was darinnen ist, die Inseln und die darin wohnen!» (Jesaia 42,10), «Denn meine [des Herrn] Gerechtigkeit ist nahe, mein Heil zieht aus, und meine Arme werden die Völker richten. Die Inseln harren auf mich und warten auf meinen Arm.» (Jesaia 51,5) Sie kulminieren in der Prophezeiung «Denn siehe, ich will einen neuen Himmel und eine neue Erde schaffen, daß man der vorigen nicht mehr gedenken wird noch sie zu Herzen nehmen.» (Jesaia 65,17). Dabei betont Columbus durch das Zitieren von Jesaia 42,1: «Siehe, das ist mein Knecht – ich erhalte ihn – und mein Auserwählter, an welchem meine Seele Wohlgefallen hat. Ich habe ihm meinen Geist gegeben; er wird das Recht unter die Heiden bringen» seine Auserwähltheit und Aufgabe in der Welt.

Gerade diese religiös motivierte Selbstgewißheit, die so weit ging, seinen Vornamen als ‹Christusträger› bzw. als ‹Christusbringer› und Missionar im Zeichen der sich bei der indigenen Bevölkerung der Karibik eröffnenden Missionsmöglichkeiten zu deuten, konnte für Gegner seiner Ideen unangenehm werden, wenn diese seine Zuversicht nicht nachvollziehen konnten oder wollten. Columbus hat sein religiöses Sendungsbewußtsein u. a. so charakterisiert: «Ich selbst war zwar besorgt, dennoch aber gewiß, daß mein Plan zur Ausführung gelangen werde, und ich bin es noch heute, denn es ist alles unzweifelhaft, daß alles unbeständig ist, mit Ausnahme von Gottes Wort, und daß sich alles erfüllt, was er sagt. Und Er sprach durch den Mund des Jesaia in vielen Stellen der Heiligen Schrift vollkommen klar und versicherte, daß von Spanien aus Sein heiliger Name verbreitet werden sollte.»[34] Dieses Zitat, das durch andere ergänzt werden könnte, verdeutlicht, daß es Columbus darauf ankam, die vorgefundene Wirklichkeit durch das religiöse Schrifttum bestätigt zu bekommen; dieses gab ihm Erklärungsmuster für alle von ihm angetroffenen Phänomene vor. So machte er im Jahr 1498 von Hispaniola aus die Katholischen Könige darauf aufmerksam, sie sollten wie König Salomon handeln, «um ihren Ruhm zu vermehren, [...] der Schiffe bis in den äußersten Osten aussandte, um den Berg Sopora zu suchen, bei dem sich seine Schiffe drei Jahre lang aufhielten; Eure Hoheiten haben jetzt auf der Insel Española diesen Berg in Besitz».[35] Seine Autoritätsgläubigkeit im Hinblick auf das Buchwissen sowie seine tiefe Religiosität mit einem starken Hang zur Mission entsprachen nicht dem quellen- und autoritätskritischen Ideal des Humanismus seiner Zeit. Mission als Ziel und Rechtfertigung, sich neue Gebiete anzueignen, entsprang auch der spätmittelalterlichen Werkgerechtigkeit. So traf Columbus die Feststellung: «Gold ist das Beste. Mit ihm sammelt man Schätze, und wer es besitzt, macht mit ihm in der Welt, was er will und erreicht, daß die Seelen ins Paradies kommen.»[36]

Was wissen wir über sein Erscheinungsbild? Sein Sohn Fernando hat in seiner posthum 1571 in Venedig erschienenen ‹Historie della vita, et de' fatti dell'Ammiraglio D. Christoforo Colombo› dazu folgendes ausgeführt: «Der Admiral war ein wohlgebauter Mann, übermittelgroß, von länglichem Gesicht mit etwas hochliegenden Wangen, die weder dick noch dünn waren. Er besaß eine Adlernase, und seine Augen waren von heller Farbe, seine Gesichtsfarbe war gleichfalls hell, doch leicht in ein lebhaftes Rot übergehend. In der Jugend war sein Haar blond, mit dreißig Jahren jedoch wurde es ganz weiß. Im Essen und Trinken sowie in seiner Kleidung war er mäßig und bescheiden. Mit Fremden unterhielt er sich freundlich, und mit den Leuten seines Haushaltes war er leutselig, doch beobachtete er eine bescheidene und angenehme Würde. In religiösen Dingen war er so streng, daß er beim Fasten oder dem Hersagen der Gebete und Litaneien eher einem Ordensbruder glich.»[37] Las Casas hat Columbus in seiner ‹Historia de las Indias› ähnlich charakterisiert. Diese Darstellung, die seit 1559 vorlag, aber nicht in Druck ging, war den Zeitgenossen des 16. Jahrhunderts überhaupt nicht bekannt, sie erschien erst 1875/76 in Madrid. Von Fernando Colóns ‹Historie› erschien wenigstens schon 1749 in Madrid eine kastilische Übersetzung.

Es ist nicht unbedingt ein außergewöhnliches Faktum, daß von Christoph Columbus kein authentisches Bild existiert. Offenbar hat er sich nie porträtieren lassen; entweder hatte er kein Geld oder kein Interesse daran, oder die Porträts, die existierten, sind verlorengegangen. Jedenfalls gibt es kein verläßliches Bildnis von ihm. Im Jubiläumsjahr 1892 wurden 70 Bildnisse gezeigt, von denen keines dem anderen gleicht. Am ehesten können dem Bildnis eines unbekannten Meisters, das einst im Besitz des Humanisten und Arztes Paolo Giovio war, ferner den Porträts von Sebastiano del Piombo, Lorenzo Lotto und Ridolfi Ghirlandaio, allesamt Zeitgenossen von Columbus in Italien, eine gewisse Authentizität zugeschrieben werden.

Der Aufstieg der iberischen Mächte Kastilien, Aragon und Portugal

Die Entwicklung der europäischen Staaten im 15. Jahrhundert ist von einem langwierigen Prozeß der inneren Konsolidierung und der kontinuierlichen Verstärkung außereuropäischer Aktivitäten gekennzeichnet. Erst an der Wende vom 15. zum 16. Jahrhundert gelingt der europäischen Expansion mit dem Erreichen Indiens durch portugiesische Flotten und Amerikas im Zuge der Fahrten von Christoph Columbus und dessen Nachfolgern in die Karibik sowie an die Küste Brasiliens ein erster Durchbruch. Zugleich kam es zu einer Zunahme der innereuropäischen Gegensätze und Konflikte im Zuge machtpolitischer Konkurrenz.

Blickt man auf die Mitte des 15. Jahrhunderts zurück, so fallen zwei Ereignisse auf. Innerhalb der ‹europäischen Staatenwelt› wurde im Jahre 1453 in Westeuropa ein Konflikt zwischen den damals wichtigsten westeuropäischen Monarchien, Frankreich und England, beendet, der den Namen des ‹Hundertjährigen Krieges› trägt – und zwar in dem Moment, wo das am Rande der europäischen Staatenwelt gelegene Byzantinische Reich mit der Eroberung Konstantinopels durch Sultan Mehmed II. den Eroberer im Jahre 1453 zu Ende ging.

In Westeuropa gingen die Spannungen nicht zurück, im Gegenteil, mit dem Aufstieg der Herzöge von Burgund nahmen sie zu, vor allem in Konkurrenz zu Frankreich und im Konflikt mit dem Heiligen Römischen Reich im Zuge der Politik des letzten, 1477 verstorbenen Burgunderherzogs Karls des Kühnen. Seit dem Ende des Hundertjährigen Krieges konnten die französischen Könige ihre Macht sukzessive steigern. Mit dem Tod Karls des Kühnen waren die Konflikte nicht gelöst; in der Folgezeit entstanden neue, noch größere Probleme, zumal die dynastische Politik des Hauses Österreich bzw. Habsburg erfolgreich war und es Kaiser Friedrich III. gelang, seinen Sohn Maximilian I. mit der burgundischen Erbin Maria, der begehrtesten hocharistokratischen Erbtochter Europas, zu verheiraten und damit die Gegnerschaft der französischen Könige herauszufordern, die Maria und Maximilian das burgundische Erbe streitig machen sollten. Im Grunde ist dieser Konflikt erst im Jahre 1493 vertraglich beigelegt worden, und zwar durch eine Teilung des Erbes, das die künftigen Burgunderherzöge wie Philipp der Schöne, der Sohn Maximilians, und danach Kaiser Karl V. als Herzog von Burgund allerdings anfochten.

Seit der Eroberung Konstantinopels ging das essentielle Expansionsbestreben des Osmanischen Reiches in zwei, die europäische Staatenwelt zunehmend bedrohende Richtungen: nach Südosteuropa (Balkan) und in das östliche, später auch das westliche Mittelmeer. Vor allem aber kam ein weiteres Problem auf Europa zu: Es ist verbunden mit der konsequenten Gegnerschaft des Osmanischen Reiches zu Europa auf der Basis des vom Sultan vertretenen Weltherrschaftsanspruchs, der sich auf die mongolische Tradition berief. Dadurch wurde eine Konfliktregelung zwischen dem Sultan bzw. dem Osmanischen Reich und den europäischen Fürsten bzw. Republiken zunächst unmöglich; erst im 16. Jahrhundert gab es auf jagiellonischer und dann auf habsburgischer Seite erfolgreiche Anläufe für einen modus vivendi, anders ausgedrückt, man gelangte sporadisch zu kurzen Friedensperioden. Schon vor 1500 war der militärische Konflikt in vollem Gang gewesen, d. h. die europäische Staatenwelt wurde vom Osmanischen Reich permanent bedroht und verlor Gebiet um Gebiet, so daß es unter diesem Aspekt geradezu als Sensation erscheinen mußte, wenn die Katholischen Könige nach der mehrjährigen Belagerung und dem Einzug in Granada im Jahre 1492 eine wichtige muslimische Herrschaft fortan ihr eigen nennen konnten.

Gab es im 15. Jahrhundert überhaupt schon ein gesamteuropäisches Beziehungssystem unter den Staaten (Monarchien und Republiken) in dem Sinne, daß Veränderungen in einem der regionalen Beziehungsnetze – gemeint sind die west-, nord-, mittel-, süd- und osteuropäischen Beziehungs- und Aktionsräume im Sinne politischer Handlungsräume – zwangsläufig zu Veränderungen in anderen Beziehungsräumen führten? Wohl noch nicht so wie im 16. Jahrhundert, was schon das Ergebnis der ‹Europäisierung› der Konflikte seit 1494 zu sein scheint. Die Biographie von Christoph Columbus (1451–1506) verdeutlicht in vieler Hinsicht die politische und ökonomische Entwicklung Europas zwischen 1451 und 1506 bzw. korreliert mit ihr.

Die drei iberischen Königreiche – Kastilien, Aragon und Portugal – entwickelten sich im 15. und 16. Jahrhundert höchst verschieden. Während Kastilien und Aragon im Rahmen einer dynastischen Union näher zusammenrückten und auf diese Weise die Krongewalt gestärkt wurde, entzweite bis zum Ende der 1470er Jahre ein dynastisch-politischer Konflikt Kastilien von Portugal. Kastilien und Aragon bestanden im Spätmittelalter aus einer Vielzahl von politischen Einheiten. Die für die Zukunft bedeutendste, territorial größte und demographisch wichtigste Einheit unter ihnen war Kastilien-León. Von entscheidender Bedeutung für die weitere Entwicklung der spanischen Königreiche war die Vereinigung der Kronen Kastilien und Aragon durch das Katholische Königspaar. Sie kam erst zustande, als König Heinrich IV. von Kastilien im Jahre 1468 bestimmte, daß nicht seine Tochter Johanna, sondern seine Halbschwester Isabella ihm auf dem Thron folgen sollte. Sie heiratete im folgenden Jahr Ferdinand, den Thronfolger der aragonesischen Reiche, eine Entscheidung gegen dynastische Verbindungsmöglichkeiten mit Portugal und Frankreich und eine iberische dynastische Union, verbunden mit dem inneren Risiko, daß ein Teil des kastilischen Adels hinter der übergangenen Tochter Johanna stand. Die Machtkämpfe erreichten ihren Höhepunkt, als König Heinrich IV. 1474 starb und die ‹anti-aragonesische› Gruppe mit dem portugiesischen König in Verbindung trat, der mit militärischen Mitteln eingriff. Erst 1479 konnte zwischen Kastilien und Portugal der Friede von Alcáçovas geschlossen werden, der Isabellas Herrschaft in ganz Kastilien sicherte. Im gleichen Jahr folgte Ferdinand von Aragon seinem Vater nach. Beides schuf nicht nur die Voraussetzungen für einen dauerhaften inneren Frieden, sondern auch für die Vereinigung der Kronen Kastiliens und Aragons. Mehr als eine dynastische Union war damit formaliter nicht gegeben, vor allem entstanden kaum übergreifende Behörden, sieht man von der einzigen gemeinsamen Behörde, der 1478/80 in Kastilien begründeten und wenig später auf Aragon ausgedehnten Behörde der Inquisition ab. Die im Vertrag von Segovia (1475) geregelten Mitregierungsrechte Ferdinands in Kastilien waren begrenzt. In politischer Hinsicht bedeutete die Vereinigung der Kronen Kastiliens und Aragons jedoch mehr, wie dies auch im politischen Willen des Königspaares zum Ausdruck kam. Institutionelle Verklammerung und rechtliche wie soziale Angleichung blieben allerdings begrenzt, auch wenn Ferdinand die Heirat zwischen kastilischen und aragonesischen Adelsfamilien förderte oder wenn es zur Vergabe wichtiger kirchlicher Pfründen in Aragon an Kastilier kam.

Mit dem politischen Übergewicht Kastiliens nahmen Ausbreitung und Geltung der kastilischen Sprache ständig zu; vier Fünftel der Einwohner der Reiche von Isabella und Ferdinand sprachen Kastilisch, das zur führenden Sprache der Iberischen Halbinsel aufstieg, vor allem für die überregionale Kommunikation. Kastiliens Landschaft war für den Getreideanbau wenig geeignet, statt dessen dominierte die Schafzucht, seit die Getreideeinfuhren aus Sizilien zur Regel geworden waren. Die Wolle war denn auch eines der wenigen Exportprodukte. Exportindustrie und Handel waren in den spanischen Königreichen nur wenig entwickelt; die Ausfuhren konzentrierten sich auf Rohstoffe – Schafwolle, Kupfer und Eisenerz. Andererseits wurde Getreide aus Sizilien eingeführt, um die zu geringe Eigenproduktion zu ergänzen. Mit Ausnahme des Wollsektors blieb die gewerbliche Entwicklung Spaniens zurück. Aber auch das auf den Binnenmarkt beschränkte Textilgewerbe vermochte, ähnlich wie die Agrarproduktion, kaum den eigenen Bedarf zu decken. Bei der Wollverarbeitung war das eigene Textilgewerbe der ausländischen Konkurrenz nicht gewachsen.

In religiöser Hinsicht gab es seit dem Mittelalter in Kastilien und Aragon eine dreigliedrige Bevölkerung: Christen, Muslime und Juden, mit regionaler und sozialer Differenzierung, im Süden, d. h. in Andalusien, sogar mit einer muslimischen Mehrheit, wobei mit dem ‹Königreich Granada› bis

1492 eine unabhängige muslimische Herrschaft existierte. Am Ende des 13. Jahrhunderts war der Kampf gegen die Araber als ‹Kreuzzug› und als ‹Rückeroberung› (‹Reconquista›) besetzter Gebiete gerechtfertigt worden. Die Expansion war von einer umfangreichen Kolonisierung begleitet und konsolidierte politische Einheiten der christlichen Gebiete. Zu ihnen gehörten vor allem Aragon mit Katalonien, Navarra, Kastilien und León. Die nichtchristlichen Gruppen waren in städtischen Gewerben tätig, auf dem Land auch in der Landwirtschaft. Sie schafften den sozialen Aufstieg nur, wenn sie sich zum Christentum bekannten, wie etwa die sogenannten, schätzungsweise 250 000 Judenchristen (‹judío-cristianos›), die jedoch von der christlichen Bevölkerung angefeindet wurden, so von den Handwerkern in den Städten, wo der Gegensatz zwischen Juden und Christen größer war als zwischen dem Adel und den in der Landwirtschaft arbeitenden Muslimen. Die Judenchristen waren also nicht von dem sogenannten Judenedikt aus dem Jahr 1492 betroffen, das die jüdische Bevölkerung Spaniens vor die Alternative der Bekehrung zum Christentum oder der Auswanderung stellte. Bei den Juden, die 1492 zum Verlassen des Landes gezwungen wurden, weil sie sich der Konversion zum Christentum widersetzten, handelte es sich um Händler, Steuerpächter, Ärzte oder Handwerker.

Mit der Übergabe Granadas an die Katholischen Könige war die sogenannte Reconquista durch die Eingliederung des letzten muslimischen Herrschaftsgebietes der Iberischen Halbinsel in das Königreich Kastilien vollendet. Bald nach dem Beginn ihrer gemeinsamen Herrschaft (1479) hatten die Katholischen Könige mit dem Krieg gegen Granada begonnen. Dieser bot auch die Chance, die Autorität der Krone zu stärken; aber erst nach zehnjährigen militärischen Unternehmungen konnte das Königspaar in Granada einziehen – obwohl das Emirat durch innere Zwistigkeiten, vor allem innerhalb der Herrscherfamilie, geschwächt und die Voraussetzungen für eine Eroberung durch die Katholischen Könige günstig waren. Die Umgangsweise mit den ‹Eroberten› war zunächst von Zurückhaltung geprägt, so ließ man Religion, Sitten, Eigentum und Selbstverwaltung der muslimischen Städte unangetastet. Diese Situation sollte sich innerhalb weniger Jahre ändern, als Francisco Jiménez de Cisneros, Erzbischof von Toledo, ein Gegner der Toleranzpolitik den Muslimen gegenüber, am kastilischen Hof an Einfluß gewann und Massentaufen und Zwangsbekehrungen zunahmen, die wiederum Aufstandsbewegungen in den Bergen von Alpujarras zur Folge hatten. Schließlich stellte ein königliches Edikt im Jahre 1502 alle erwachsenen Morisken vor die Alternative, sich taufen zu lassen oder auszuwandern. Ein Großteil ergriff die Möglichkeit der Auswanderung; der in Andalusien verbliebene Rest der Morisken stand in den folgenden Jahrzehnten vor dem Problem der inneren Assimilation.

Die geringen Entwicklungschancen, die dem spanischen Bauerntum gegeben waren, begünstigten die Militarisierung der Gesellschaft, weil sich die jüngeren Söhne für den Militärdienst anwerben ließen. Ein großer Teil der kastilischen Bevölkerung ging später in der Erwartung nach Amerika, seinen Lebensunterhalt leichter und besser sichern zu können als in der ‹Alten Welt›. Spanische Soldaten waren genügsam, auch bei ausbleibendem Sold. Die Infanterie war der beste Teil der spanischen Armee, sie übertraf Reiterei und Artillerie bei weitem. Hinzu kam, daß spanische Soldaten sich kaum in nichtspanischen Heeren verdingten – ganz im Gegensatz zu den Söldnern der Eidgenossenschaft oder des Heiligen Römischen Reiches. Die spanischen Heere maßen ihre Kräfte vor allem mit Frankreich, etwa im Gefolge des neapolitanischen Feldzuges König Karls VIII. Anfangs waren sie der französischen Herausforderung in Süditalien nicht gewachsen, erst nach der von Gonsalvo de Córdoba durchgeführten Reorganisation der spanischen Heeresorganisation besserte sich das Kräfteverhältnis zusehends; danach waren spanische Truppen den französischen zeitweise überlegen, und seit dem Beginn der 1520er Jahre standen sie den eidgenössischen und deutschen nicht mehr nach. Die spanische Kriegsflotte war der französischen überlegen, ihre Hauptaufgabe bestand in der Sicherung des westlichen Mittelmeeres und der eigenen langen Küsten gegen die Bedrohung durch die Flotten der nordafrikanischen Barbareskenstaaten sowie in der Sicherung der Verbindungslinien mit der ligurischen Küste, vor allem mit Genua, aber auch mit Neapel und Sizilien. Dabei wurde es entscheidend, ob Frankreich oder Spanien die genuesische Flotte zur Verfügung stand. Mit dem Vordringen der osmanischen Flotte ins westliche Mittelmeer kam ein neues Bedrohungsmoment hinzu, das sich nicht nur auf die italienischen, sondern indirekt auch auf die Küsten der Iberischen Halbinsel auswirkte. Die Politik der Könige begnügte sich nicht nur mit Granada, sondern griff auch auf Nordafrika über. Es war die personelle Konstellation, die in der Person des Borgia-Papstes Alexanders VI. – er war zuvor Bischof bzw. Erzbischof von Valencia gewesen – gegeben war, der schon 1494 bereit war, die Nordafrikapolitik Kardinal Cisneros' zu unterstützen, und zwar durch Gewährung eines weiteren Kreuzzugsablasses, einer ‹Cruzada›. Damit wurde der seit den Feldzügen der Katholischen Könige gegen Granada übliche Usus der ‹Cruzadas› perpetuiert. Doch schon bald zeigten sich die begrenzten militärischen Möglichkeiten der spanischen Schiffsverbände und Heere, denn zunächst konnte nur in Melilla (1497) ein Stützpunkt errichtet werden, erst später wurden Mers el-Kebir und Cazaza bei Melilla (1506), die Insel Peñón de Vélez de la Gomera (1508) und Oran (1509) erobert. Da die übrigen Küstengebiete und vor allem das gesamte Hinterland in muslimischer Hand blieben, war die strategisch-militärische Bedeutung der gewonnenen Stützpunkte begrenzt.

Dieser sich öfter bestätigende Umstand hing damit zusammen, daß der außenpolitische Aktionsrahmen der Katholischen Könige sehr groß war, ähnlich wie später unter

Karl V. In Anbetracht ihrer Vielschichtigkeit können die außenpolitischen Ambitionen der Katholischen Könige am ehesten mit der habsburgischen Politik seit Maximilian I. verglichen werden, vor allem was die Aussicht auf künftige Gebietserweiterungen betrifft, die durch dynastische Eheverbindungen vorbereitet wurden. Der Zufall und wohl auch die außenpolitische Herausforderung von europäischer Dimension wollten es jedoch, daß der Heiratspolitik der Katholischen Könige nicht die dynastische Union mit Portugal gelang, sondern vielmehr die Verbindung mit dem Hause Habsburg bzw. Österreich und damit mit den Niederlanden sowie den österreichischen Gebieten. Betrachtet man die auswärtige Politik im einzelnen, so zeigt sich zunächst, daß der Friede mit Portugal seit 1479 gesichert werden konnte, und dies vor allem deshalb, weil die Einfluß- und Grenzprobleme im Jahre 1479 geklärt worden waren und die Katholischen Könige kein Interesse daran hatten, das Verhältnis zu Portugal aufs Spiel zu setzen, auch nicht in handelspolitischen Fragen, die im Zuge der europäischen Expansion beider Nationen auftraten.

Mit etwa einer Million Einwohner gegen Ende des 15. Jahrhunderts gehörte Portugal zu den kleinen Ländern Europas. Von Klima und Natur atlantisch und mediterran, war Portugal sehr auf das Meer ausgerichtet. Dies allein erklärt schon einen Teil seiner überseeischen Ambitionen. Von einigen Ausnahmen abgesehen, hat Portugal zu Kastilien keine natürlichen Grenzen; man könnte meinen, im nördlichen Teil Portugals – zwischen den Flüssen Minho und Douro – setze sich Galicien fort, im mittleren Teil, zwischen den Flüssen Douro und Tejo, die kastilische Hochebene, und im südlichen (Alentejo), zwischen Tejo und dem Meer im Süden Andalusien. Dieser südlichste Teil, die Provinz Algarve, benannt nach dem arabischen ‹El Gharb› (‹Land der untergehenden Sonne›), wurde Mitte des 13. Jahrhunderts den Muslimen entrissen. Lissabon stieg im letzten Drittel des 15. Jahrhunderts zu einer bedeutenden Handels- und Seefahrtsmetropole auf. Entscheidend für die überaus günstige handelspolitische Entwicklung war die Tatsache, daß die Dynastie den Außenhandel ihres Königreiches förderte, indem sie sich aktiv daran beteiligte und daraus Nutzen zog.

Die Dynastie Avis, die seit 1385 in Portugal an der Regierung war, hatte dynastische Verbindungen zu Kastilien und England. Eine Reihe von Kriegen mit Kastilien unterbrach die geregelten Beziehungen. König Johann I. hatte 1387 Philippa, die Tochter des englischen Herzogs von Lancaster, geheiratet. Dieser Ehe entsprangen fünf Söhne: Duarte, von 1433 bis 1438 König, Pedro, Henrique (Heinrich), João und Fernão. Der bekannteste von Johanns legitimen Söhnen ist Heinrich der Seefahrer (‹navegador›, 1394–1460), ein Beiname, der auf die Förderung der Seefahrt hinweist. Er nahm an der Eroberung der nordafrikanischen Stadt Çeuta im Jahre 1415 teil. Als nachgeborener Sohn, der für die Herrschaft nicht in Frage kam, kümmerte sich Heinrich um die Seefahrt – obwohl selbst ohne seemännische Erfahrung –, war Gouverneur der Algarve und hatte bedeutende Einnahmen als Großmeister des Christusordens, die er im Zuge der portugiesischen Expansion erheblich vermehren konnte.

Entscheidend für die innere Entwicklung Portugals war das Kräfteverhältnis zwischen Adel und Königtum; dieses veränderte sich unter den Königen Alfons V. (1438–1481), Johann II. (1481–1495) und Emanuel I. (1495–1521). Unter Alfons V. war das Königtum dem Hochadel noch unterlegen, der nicht selten mit eigenen Truppen in die Auseinandersetzungen eingriff. Das Scheitern des Vorhabens einer Heirat mit Isabella von Kastilien und der daran anschließende kastilische Erbfolgekrieg kosteten dem Königtum weiteres Prestige. Erst Alfons' Nachfolger Johann II. stellte das Verhältnis zum Adel auf eine neue Grundlage: In zeitlicher Parallele zur Politik der Katholischen Könige in Kastilien und Aragon versuchte Johann II. sein Königreich neu zu organisieren. Aus diesem Grund berief er im Jahre 1481 die Stände nach Évora ein und begann, gestützt auf die Städte, mit grundlegenden Reformen. So mußte der Adel seine Schlösser und Städte auf Verlangen der Krone öffnen, und königliche Richter beanspruchten fortan die Aufsicht über die intermediären Gewalten. Der Kirche gegenüber setzte der König durch, daß künftig keine päpstlichen Erlässe ohne seine Zustimmung publiziert werden durften; auch erweiterte er die königliche Gerichtsbarkeit auf Kosten der kirchlichen Jurisdiktion.

Die Festigung der Position der Krone konnte aber nur gelingen, wenn König Johann II. Geltung und Einfluß der mächtigsten Adelsfamilien nachhaltig einschränkte. Dazu gehörten vor allem die Bragança, eine mit dem Königshaus eng verwandte Adelsfamilie, die nicht nur über fünfzig Städte und Schlösser besaß, sondern auch Truppen in der Stärke von 3000 Reitern und 10 000 Fußsoldaten zu mobilisieren imstande war. Daß ihre Loyalität zum portugiesischen Königshaus nicht eindeutig war, zeigen ihre engen Beziehungen zum Haus Trastámara in Aragon. Diese Verbindungen nahm König Johann II. zum Anlaß, den Herzog von Bragança im Jahre 1483 vor Gericht zu bringen, ihn wegen Konspiration zum Tode zu verurteilen und hinzurichten sowie seine Güter konfiszieren zu lassen. Johanns II. jüngerer Bruder und Nachfolger Emanuel I. suchte einen Ausgleich mit dem neuen Herzog von Bragança, indem er ihm einen Großteil der familiären Güter restituierte und zahlreiche, im Zuge der Auseinandersetzungen unter seinem Vorgänger nach Kastilien und Aragon geflohene Adelige zurückberief. Damit war jedoch keine Restauration der politischen Macht des Adels verbunden; statt dessen verstand es Emanuel I., den eigenen Adel fest an die Krone zu binden, indem er ihn an den finanziell einträglichen Militärorden wie dem Christusorden teilhaben ließ. Nicht zuletzt trug die Partizipation des Adels am königlichen Hof, vor allem durch die Verleihung einträglicher Ehrenämter des königlichen Haushalts, zu dieser Bindung bei. Emanuel I. machte Lissabon zum politischen und kulturellen Zentrum Portugals; er baute die königliche Verwaltung weiter aus und errichtete neue Behörden, deren Zuständigkeiten und Pflichten genau geregelt wurden und deren Loyalität zum König unbestritten sein sollte. Das Steuer- und Münzwesen wurde vereinheitlicht. Die Stände verloren an Bedeutung, was schon dadurch zum Ausdruck kommt, daß sie seltener als bisher einberufen wurden. Hatte Alfons V. die Stände im Durchschnitt jedes zweite Jahr einberufen, so taten dies seine Nachfolger in weit geringerem Ausmaß.

Der Streit um die Atlantikinseln vor der afrikanischen Küste

Weder Portugal noch Kastilien gehörten im Spätmittelalter zunächst zu den führenden Seefahrernationen im Mittelmeer und Atlantik. Das wird beispielsweise an der Geschichte der Wiederentdeckung der Kanarischen Inseln deutlich. Im Grunde waren diese Inseln seit der Antike als ‹Insulae fortunatae› (‹Glückliche Inseln› – so von Claudius Ptolemaeus genannt) bekannt; im Früh- und Hochmittelalter verschwanden sie jedoch aus dem Bewußtsein der Europäer, während sie den arabischen Kartographen als Rezipienten von Ptolemaeus gegenwärtig blieben. Im 12. und 13. Jahrhundert waren es genuesische Seefahrer, die wohl nicht nur die marokkanische Küste südwärts bis zum Senegal kannten, sondern vielleicht auch Afrika umsegelten, wie angeblich die Gebrüder Vivaldi im Jahre 1291. Die Portolan- bzw. Seekarten aus der zweiten Hälfte des 14. Jahrhunderts, wie die sogenannte Medici-Karte von 1351 und der sogenannte Katalanische Weltatlas von 1375, verzeichnen genuesische Flaggen in der Gegend der Kanarischen Inseln und bringen dadurch die Präsenz Genuas zum Ausdruck. In den Jahren 1341/42 soll eine Flotte, bestehend aus genuesischen, florentinischen, portugiesischen und spanischen (kastilischen) Schiffen, die Inselgruppe angesteuert haben. Auch die Madeira-Inselgruppe mit Madeira und Porto Santo war damals längst bekannt. Von beiden Inselgruppen kannte man im 14. Jahrhundert 25 Inseln. Auffallend ist, daß die Kanarischen Inseln zum Teil nach ihren mittelalterlichen Wiederentdeckern, wie Lanzarote nach dem Genuesen Lancellotto Malocello, der im Jahre 1312 dort gewesen sein soll, benannt wurden. Wie ist dies zu erklären – ging es um Besitzansprüche? Nun, eine nicht unerhebliche Konkurrenz für Genuesen, Portugiesen und Spanier bestand in den normannischen Flotten und Siedlern, die von Dieppe und Rouen aus die Inselgruppen anfuhren und vielleicht auch über das ‹Cabo verde› hinaus bis zum Senegal und sogar an die Goldküste gelangt sein könnten. Diese nicht näher bekannte und umstrittene Beteiligung normannischer Flotten an Afrikafahrten noch vor denen italienischer Seerepubliken, Portugals und Spaniens kommt in der Bedeutung der normannischen Herrschaft als Kolonisatoren der Kanarischen Inseln zum Ausdruck. Jean de Béthencourt, ein Neffe des französischen Königs, und Gadifer de la Salle, versuchten seit 1402 die Kanarischen Inseln zu kolonisieren, konnten sich gegen die indigenen Guanchen jedoch nicht durchsetzen.

Katalanische und mallorquinische Seefahrer hatten schon in den Jahren zwischen 1342 und 1386 fünf Fahrten zu den Kanarischen Inseln unternommen. 1344 war infolge einer päpstlichen Verleihung an den kastilischen Infanten Luis de la Cerda der erste Konflikt zwischen Spanien und Portugal über den Anspruch auf die Kanarischen Inseln ausgebrochen, den auf lange Sicht – bis zum Ende des 14. Jahrhunderts – die Kastilier für sich entscheiden konnten. Während Heinrich der Seefahrer 1420 den Besitz der waldreichen Insel Madeira – portugiesisch ‹Holz›, daher der Name – auf Dauer für Portugal entscheiden konnte, gingen die Streitigkeiten um die Kanarischen Inseln bis zum Vertrag von Alcáçovas (1479) weiter. Mehrmals versuchte die portugiesische Krone, den Archipel den Königen von Kastilien streitig zu machen, allerdings vergeblich. Im Vertrag von Alcáçovas erkannte Portugal Kastiliens Besitzrechte an, dafür bestätigte Kastilien das Monopol des portugiesischen Westafrika- bzw. Guineahandels. Um so wichtiger war es deshalb für Portugal, zwischen 1427 und 1452 die Azoren zu entdecken und zu besetzen. Das war insofern bemerkenswert, als dieser aus neun Inseln bestehende Archipel 1400 Kilometer westlich von Portugal mitten im Atlantischen Ozean liegt und aufgrund der Meeresströmungen sowie des Westwindbandes von Europa aus schwer erreichbar war. Die Bedeutung dieses Archipels besteht vor allem in seiner westlichen Lage – als ‹westlichster Aussichtspunkt› des damaligen Europa – mit seiner relativen Nähe zum amerikanischen Kontinent. Konnte dieser Archipel nicht ein günstiger Ausgangspunkt für Westfahrten werden?

Die vollständige Unterwerfung und Kolonisation der Kanarischen Inseln durch Kastilien Ende des 15. Jahrhunderts nahm wohl die Conquista der amerikanischen Gebiete vorweg, sie wurden zum Experimentierfeld spanischer Konquistadoren, wie bei der Eroberung Gran Canarias und Teneriffas die Vorgehensweise von Pedro de Vera und Alonso Fernández de Lugo in den 1480er und 1490er Jahren zeigt. Sie spielten die lokalen Machthaber der Inseln gegeneinander aus und kehrten nach anfänglichen Mißerfolgen auf die Kanaren zurück, bis die Beherrschung der Inseln gesichert war.

Christoph Columbus geht nach Portugal

Die Außenbeziehungen der Krone Portugals waren wie bei keiner anderen Macht Westeuropas auf außereuropäische Gebiete ausgerichtet. Die maritimen Beziehungen von Lissabon und Porto, den wichtigsten Häfen Portugals, umfaßten aber auch England und die Niederlande. Besonders Lissabon kam immer mehr die Funktion eines Zwischenstopps und einer Drehscheibe zwischen dem mediterranen und atlantischen Handel zu. Die portugiesischen Könige gehörten jedoch auch zu jenen, die bereit waren, auf die osmanische Eroberung Konstantinopels im Jahre 1453 militärisch zu reagieren. Christoph Columbus ging wohl nicht ohne handelspolitische Erwartungen nach Portugal. Im Jahre 1476 soll sich – nach den Berichten von Fernando Columbus und Las Casas – folgender merkwürdiger Vorfall zugetragen haben: Christoph Columbus soll sich im Dienste eines genuesischen Auftraggebers an Bord eines Schiffes befunden haben, das als Teil einer Flotte aus fünf Schiffen Mastix von Chios nach Lissabon und weiter nach Flandern und England bringen sollte. Vor dem Cabo São Vicente in Portugal seien die Schiffe von einer überlegenen französischen Piratenflotte angegriffen worden. Als das Schiff in Brand geriet, auf dem sich Columbus befand, habe sich dieser schwimmend an Land gerettet und sei nach Lissabon gegangen, wo er in der genuesischen Kolonie gut aufgenommen worden sei. Dieser Vorfall bot Anlaß zur Spekulation, Columbus sei selbst Pirat gewesen und habe gegen genuesische Schiffe gekämpft. Nach seiner Selbstaussage sei er ‹auf wunderbare Weise› nach Portugal gekommen. Es bleibt unklar, was er damit andeuten wollte.

In Lissabon, das im 15. Jahrhundert zu den führenden Handelsstädten Europas gehörte, hatten sich genuesische Kaufleute schon früh niedergelassen. Es gab eine genuesische Kolonie in der Nähe des Hafens. Columbus muß sich 1477 entschieden haben, Genua den Rücken zu kehren. Aber er blieb doch im Dienste genuesischer Handelshäuser; zuletzt war er 1479 in Genua als Zeuge vor Gericht geladen, wie aus Gerichtsakten hervorgeht. Dabei ging es darum, daß er 1478 im Dienste des Handelshauses Centurione auf Madeira Zucker auf Vorschuß zu kaufen versucht hatte. Er war damals 27 Jahre alt und wird als Bürger der Stadt Genua bezeichnet.

Der Landweg nach Asien war seit 1453 noch schwieriger und unsicherer geworden. Deshalb wuchs das Interesse der Handelshäuser an Portugals Ambitionen, um Afrika herum den Weg nach ‹Indien› zu suchen. Die portugiesischen Kaufleute hatten direkten Zugang zu Afrikas Gold und Sklaven. Columbus sah seine Chance, sich gesellschaftliche Anerkennung über das Handelsgeschäft zu verschaffen und sozial aufzusteigen. Zunächst allerdings fuhr er weiterhin als Handelsagent zur See. Zu Beginn des Jahres 1477, noch in Portugal, unternahm er eine Schiffsreise nach England und Irland, die offenbar sehr prägend für seine Westfahrt-Idee war. Dies geht aus einer Randglosse in seinem Exemplar von Eneas Silvio Piccolominis ‹Descriptio Asiae› (Teil der ‹Historia rerum ubique gestarum›) hervor. Darin notierte er bei der Frage, ob das (Welt)meer befahrbar sei, Leute aus ‹Catayo› seien «nach Osten gekommen», speziell nach Galway/Island und Irland ein Mann und eine Frau auf fremden, sonderbaren Holzscheiten.[38] Diese Glosse ist höchst merkwürdig; sie bezieht sich auf Schiffe, die einst von Indien nach Europa gekommen sein sollen.

Christophs Bruder Bartolomé hielt sich auch in Lissabon auf, hatte ein Geschäft und vertrieb Portolankarten, d. h. Seekarten. Es ist nicht geklärt, ob Bartolomé nach, mit oder durch Christoph nach Lissabon gekommen ist. Es könnte durchaus sein, daß Bartolomé schon vor der Ankunft seines Bruders dort lebte. Wohl gegen Ende des Jahres 1479 heiratete Christoph Columbus die 25jährige Adelige Doña Felipa de Perestrello e Moniz. Ihr Vater Bartolomeo entstammte einer Familie, die ein Jahrhundert zuvor aus Piacenza nach Portugal gekommen war. Der Vater hatte Anteil an der Entdeckung von Madeira zur Zeit Heinrichs des Seefahrers. Als Anerkennung erhielt er den Titel eines Gouverneurs der Insel Porto Santo; er hatte in den portugiesischen Adel eingeheiratet und starb nach 1457. Doña Felipa, über die man kaum etwas weiß, hatte Columbus' ‹innig geliebtem› Sohn Diego das Leben geschenkt. Auch ihr Todesjahr ist nicht bekannt, wahrscheinlich starb sie 1485, noch vor dem Weggang Christophs aus Portugal. Über die Familie dieser seiner ersten Frau eröffneten sich Columbus Verbindungen zu den portugiesischen Hofkreisen und die Möglichkeit, über sein Westfahrt-Projekt zu diskutieren. Er übersiedelte nach Porto Santo, wo der Bruder seiner Frau Gouverneur war. Hier hatte er die Möglichkeit, über neue Entdeckungen der Portugiesen Nachrichten zu erhalten, und hier sammelte er wohl auch Informationen über außergewöhnliche Menschen mit ‹breiten Gesichtern›, die an die Azoreninsel Flores angeschwemmt worden waren. Ihr Aussehen sei Christen völlig fremd und unähnlich gewesen, auch wurde von Begegnungen mit Booten voller ‹fremdartiger Menschen› auf dem offenen Meer erzählt. Das entsprach in vielem dem, was Columbus in Irland gehört hatte. Handelt es sich dabei um Legenden oder damals aktuelle Nachrichten? Das letztere ist der Fall, denn die Azoren wurden zum Ausgangspunkt von Westfahrten auf der Suche nach der Insel ‹Antilia› – der sagenhaften Sieben-Städte-Insel – und sogar des Festlandes, wie es im königlichen Patent aus dem Jahre 1486 für Fernão Dulmo und João Afonso do Estreito, Kaufmann in Funchal auf Madeira, heißt, die diese Fahrt auf eigene Kosten durchführen und bei Erfolg die entdeckten Gebiete als königliche Lehen erhalten sollten. Über diese geplante Reise ist allerdings nichts Genaueres bekannt. Aber auch wenn vielleicht der amerikanische Kontinent gesichtet wurde, war dies nicht von Relevanz; diese Fahrt war ohne sichtbare Folgen und ist deshalb mit den Columbus-Fahrten nicht zu vergleichen.

Die Familie seiner ersten Frau dürfte nicht vermögend gewesen sein, sonst hätte sich Christoph Columbus bei seinem Bruder Bartolomé nicht als Kartenzeichner verdingt und an Handelsreisen teilgenommen. Eine wichtige Reise nach Guinea (1482/83) muß ihn sehr beeindruckt haben, wie seine späteren Verweise auf die Bewohnbarkeit der äquatorialen Gebiete Afrikas und das Kastell São Jorge da Mina beweisen. Auf Porto Santo hatte Columbus Zugang zu Dokumenten seines verstorbenen Schwiegervaters. Es handelt sich dabei um Karten und Aufzeichnungen über portugiesische Afrikakarten, wie Columbus' Sohn Fernando in seiner ‹Historie› berichtet. Dies förderte Columbus' Interesse für Kosmographie, Kartographie und Seefahrt; er dürfte sich damals auch antikes Wissen angeeignet haben – als Autodidakt, ohne wissenschaftliche Kenntnisse; und dies scheint für seine Idee einer Westfahrt nach Indien von Nutzen gewesen zu sein.

Europas Situation am Lebensende von Christoph Columbus

Der weit in die Neuzeit hineinreichende Gegensatz zwischen Habsburg und Valois bzw. den Niederlanden, den spanischen Königreichen Kastilien und Aragon einerseits und Frankreich andererseits zeichnete sich seit der ‹spanischen› Doppelheirat von 1495/96 ab. Damals kam eine doppelte Verbindung zwischen den Kindern der beiden Dynastien – Trastámara und Habsburg – zustande. Genauer gesagt, wurden die beiden einzigen Kinder Kaiser Maximilians I., Philipp der Schöne und Erzherzogin Margarete, mit Juana/Johanna bzw. Juan/Johann, zwei Kindern der Katholischen Könige, verheiratet. Dynastische Mortalität und Fertilität, nämlich die Frage, welche Familie die andere beerbte, waren unberechenbar. Die Chancen Habsburgs erwiesen sich als wesentlich besser. Dies zeigte sich erstmals nach dem frühen Tod Juans/Johanns im Jahre 1497 und war um so folgenreicher, als die ‹iberische Perspektive›, d. h. die dynastische Politik der Katholischen Könige gegenüber dem Königreich Portugal und die beabsichtigte Vereinigung mit Portugal nicht erfolgreich war. Isabella, die älteste Tochter des Königspaares, war seit 1490 mit dem portugiesischen Thronerben Dom Afonso und nach dessen Tod mit König Emanuel von Portugal 1497 verheiratet gewesen. Mit dieser Ehe schien die portugiesische Sukzession nach dem Tode Juans fast schon gesichert. Doch starb die kurzfristig als zukünftige Erbin der spanischen Königreiche geltende Isabella, eine ältere Schwester Juanas/Johannas, im Jahre 1498 bei der Geburt eines Sohnes, der wiederum nur kurze Zeit seine Mutter überlebte. Nun rückte Juana/Johanna, die dritte Tochter Ferdinands und Isabellas, zur Erbin der spanischen Reiche auf. Als sie im Jahre 1500 Karl, den späteren Kaiser Karl V. gebar, wurde eine habsburgische Thronfolge in den spanischen Königreichen höchst wahrscheinlich. Sie sollte schließlich auch eintreten.

Der für das 16. Jahrhundert konstitutive Konflikt zwischen den hocharistokratischen Häusern Österreich bzw. Habsburg, Valois (in Frankreich) und Trastámara (in den spanischen Königreichen) führte zu grundlegenden und folgenreichen Veränderungen der ‹zwischenstaatlichen› Konstellationen in West-, Süd- und Mitteleuropa. Zum wichtigsten Austragungsfeld der Konflikte sollte Italien werden. Der Neapelfeldzug des französischen Königs Karls VIII. im Jahre 1494 löste eine Reaktion in Italien und in Europa aus, indem sich die Katholischen Könige mit Kaiser Maximilian zusammentaten und ihre Kooperation mit der ‹spanischen› Doppelheirat besiegelten. Fortan wurde Italien zum Schauplatz eines beginnenden Hegemoniekampfes unter den führenden europäischen Monarchien – Frankreich, Kastilien/Aragon – und dem Reichsoberhaupt und den damit verbundenen, von Maximilian verfolgten habsburgischen Interessen. Das Eingreifen des französischen Königs in Italien beendete die jahrzehntelang funktionierende und die Interessen ausgleichende ‹Pentarchie› der Fürsten und Republiken Italiens seit dem Frieden von Lodi im Jahre 1454.

Seit dem Ende des 15. Jahrhunderts war auch die Konzentration der kastilischen und aragonesischen Politik auf Italien offenkundig geworden. Daß dabei der wirtschaftliche Aspekt der Getreideeinfuhr im Vordergrund stand, wurde schon dargelegt. Im Hinblick auf Neapel und Sizilien waren es die Ansprüche einer aragonesischen Seitenlinie auf diese Gebiete gegenüber dem französischen Haus Anjou, die den Grund für diese Politik lieferten. Erst nach der Konsolidierung Spaniens im Zuge der Eroberung Granadas im Jahre

1492 kam dem größeren Zusammenhang zwischen Sizilien und Nordafrika eine neue Bedeutung zu, denn die Katholischen Könige suchten durch Lizenzen den Getreideexport aus Sizilien nach Tripolis und Tunis zu sperren. Schon der Korsarengefahr wegen war es für sie von großer Bedeutung, ihren Einfluß auf die Herrscher der nordafrikanischen Küste auszudehnen. Sizilien war deshalb für die Katholischen Könige von noch größerem Wert als Neapel; denn auf dieser Insel ließ sich eine Flotte stationieren, welche gegen die nordafrikanischen Korsaren einsatzfähig war. Der Besitz Neapels vermochte die Herrschaft über Sizilien nachhaltig zu unterstützen.

Zukunftsweisend für die spanische Monarchie wurde die sich seit der dynastischen Verbindung mit dem Hause Österreich bzw. Habsburg im Jahre 1495 abzeichnende Neuorientierung, die zehn Jahre später ihre Bestätigung erhielt, indem nach dem Tode von Königin Isabella im Jahre 1504 deren Tochter Juana/Johanna die Wahnsinnige und ihr burgundischer Gatte Philipp der Schöne die Regierung übernahmen und in Konflikt zu Ferdinand von Aragon gerieten. Die habsburgische Sukzession in den spanischen Königreichen schien noch einmal ins Ungewisse zu rücken, als Philipp im September 1506, also wenige Monate nach dem Tode von Christoph Columbus, unerwartet starb und Ferdinand von Aragon nochmals die Hoffnung hatte, die Nachfolge des Hauses Habsburg auf den Thronen Kastiliens und Aragons verhindern zu können. Aber die Verhinderung der Thronfolge von Philipps Sohn Karl, dem späteren Kaiser Karl V., mißlang. Seitdem war Spanien wie nie zuvor in seiner Geschichte in die Politik Europas involviert.

Drittes Kapitel

Das Asienbild im spätmittelalterlichen Europa

Die Überwindung der räumlichen Distanz zwischen Europa und Asien durch europäische Mönche und Kaufleute seit dem 13. Jahrhundert

Christoph Columbus hat sich bekanntlich sehr für Asien interessiert und deshalb das Werk von Marco Polo studiert, um sich ein Bild von diesem Kontinent zu machen. Das ist schon deshalb von Bedeutung, weil die Beziehungen zwischen Europa und Asien, im speziellen zwischen Europa und Ostasien bzw. China, seit dem Mittelalter von sehr geringer Intensität waren. Geht man ins 13. Jahrhundert zurück, so wird deutlich, daß die Formierung des in Europa lange Zeit tradierten Asienbildes mit der Mongolenherrschaft begann. Gleichzeitig wurde damals in Europa ein Mongolenbild populär, das an Grausamkeit unüberbietbar war, wie allein der den Mongolen zugeschriebene Begriff der ‹Ta(r)taren›, in Anlehnung an ‹tartaros› der Antike, zeigt. Homer meinte damit einen geschlossenen finsteren Raum unter der Erde, den Kerker der Titanen; später verstand man darunter die gesamte Unterwelt bzw. den Aufenthaltsort der Verdammten. Die vorhandene Nomenklatur der antiken, jüdischen und christlichen Beispiele reichte damals nicht aus, das Phänomen der Mongolen zu beschreiben. Die damit verbundene Unsicherheit hatte allerdings einen ganz anderen Effekt, der das Beziehungsfeld zwischen Europa und Asien dynamisierte, indem es nämlich von seiten Europas zu einer Intensivierung der geringen Kontakte kam. Dies gilt für das Papsttum und die französischen Könige. So entsandte Papst Innozenz IV. den Franziskaner Johannes de Plano Carpini, der während seiner zweieinhalbjährigen Reise (1245–1247) auch zum Großkhan in der Nähe von Karakorum in der Mongolei gelangte. Wesentlich war nicht nur, daß der Großkhan seinen Weltherrschaftsanspruch zu erkennen gab, sondern auch die

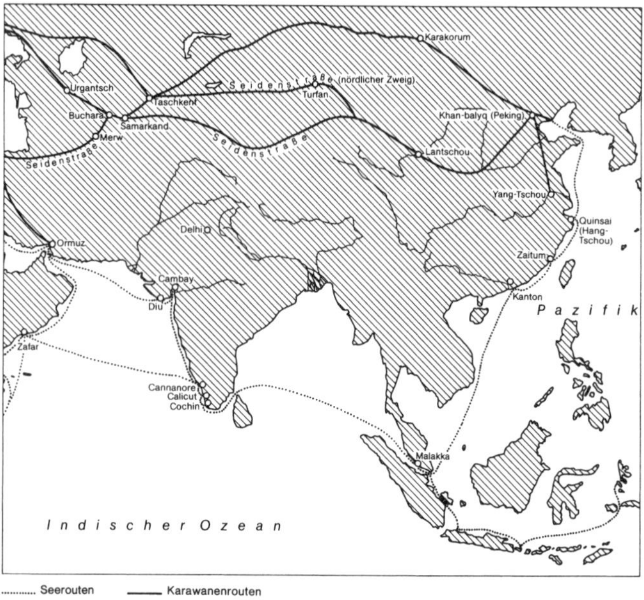

Karte der Seidenstraße

Tatsache, daß Carpinis ‹Historia Mongalorum› zu den ersten und zugleich wichtigsten europäischen Berichten über die Mongolen gehört. Carpinis Darlegungen stellen die erste ausführliche Beschreibung dieser Art dar und basieren auf eigenen Beobachtungen. Während seines Kreuzzuges im Jahre 1249 entsandte der französische König Ludwig IX. eine Gesandtschaft unter der Leitung Wilhelms von Rubruck, um bei den Mongolenkhanen für ein Bündnis zu werben. Weitere Gesandtschaften folgten, sie verkörperten die Normalisierung der Beziehungen zum mongolischen Reich und brachten die Missionsinteressen der Europäer zum Ausdruck. Vor allem läßt sich der Wandel in der apokalyptischen Einschätzung der Mongolen zu einem Volk der Heiden und Götzenanbeter erkennen. Seit Khubilai Khan betrachteten sich die Großkhane mehr als Kaiser Chinas, und zwar als die Dynastie ‹Yüan-shih›.

Europäische Kaufleute und Geistliche, die Vertreter der sogenannten ‹Mönchsreisen›, reisten auf der Seidenstraße. Diese führte vom östlichen Mittelmeer bis nach China, beginnend in Tyros (im Süden) und Antiochia (im Norden), über Damaskus bzw. Aleppo ins Euphrattal nach Bagdad, von dort über Persien (iranisches Hochland), Merw, Buchara und Samarkand, dann nördlich bzw. südlich der Wüste Gobi, um von dort bis Anxi als Nord- und Südroute getrennt zu verlaufen und im weiteren die alte chinesische Kaiserstadt Chang'an (heute Xi'an) am Huanghe-Fluß zu erreichen. Dabei mag die ‹Pax mongolica› zumindest eine Zeitlang, etwa zwischen 1227, dem Tode Dschingis Khans, und 1260, dem Regierungsantritt Khubilai Khans, die Reisesicherheit erhöht haben. Mehrjährige Reisen nach Asien, eine im Spiegel gegenwärtiger Erfahrung schwer vorstellbare Angelegenheit, waren damals keine Ausnahme. Viel seltener wurde offenbar der Seeweg durch das Arabische und Rote Meer und den Indischen Ozean genützt. Die west-östlichen Beziehungen bzw. die Beziehungen zwischen Europa und Asien waren während der Mongolenzeit von Handelsbeziehungen und diplomatisch-politischen Kontakten geprägt, die allerdings die Eigenheit bzw. Einseitigkeit hatten, daß in China für Europa als äußerster Teil des ‹Westens› – dem ‹Fernen Westen› – kein Interesse bestand, und unter dem Westen eher Persien, das als wichtiger Vermittler fungierte, verstanden wurde. In China blieb hingegen die Vorstellung vom Mittelreich, dem Zentrum der Welt, erhalten, und das Interesse an der nichtchinesischen ‹Randvölkerwelt› hielt sich in engen Grenzen. Im Hinblick auf Asien ist zu bedenken, daß dieser Begriff «von außen als Fremdbeschreibung geprägt wurde» und er der Vielfalt der Zivilisationen, Religionen, Sprachen und Lebensformen Asiens nicht gerecht wird.[39]

Marco Polo als Höhepunkt der europäischen Kenntnis von China und Japan

Bis heute gilt der venezianische Kaufmann Marco Polo neben dem Genuesen Christoph Columbus als einer der populärsten bzw. berühmtesten Reisenden und Entdecker der europäischen, vielleicht auch der Weltgeschichte. Gewiß waren die Angehörigen der venezianischen Familie Polo nicht die ersten, die dem mongolischen Großkhan – Khubilai Khan – einen Besuch abstatteten; die Behauptung von Marco Polo ist in dieser Hinsicht zu korrigieren. Gelegentlich ist auch bezweifelt worden, daß Marco Polo tatsächlich in China gewesen ist, weil er weder die chinesischen Schriftzeichen noch das weitverbreitete Teegetränk erwähnt, wie vor ihm beispielsweise Wilhelm von Rubruck. Marco Polo kommt auch in den chinesischen Quellen nicht vor, wie übrigens viele europäische Missionare vor ihm nicht. Aufgrund dieser Fakten könnte man auch annehmen, daß Marco Polos Beschreibung Chinas auf einer persischen Quelle beruht, zumal persische Bezeichnungen darin Verwendung finden. Aber warum sollte dies so gewesen sein, ist es nicht einfach Effekthascherei, Marco Polo die totale Täuschung der Nachwelt zu unterstellen? Das ‹Phänomen Marco Polo› ist in der Tat komplexer – Inhalt und Entstehungsgeschichte seines Werkes zeigen dies deutlich auf: Marco muß im Kontext seiner Familie, so seines Vaters Niccolò und seines Onkels Maffei, ebenso betrachtet werden wie im persönlichen und ‹schriftstellerischen› Verhältnis zu Rustichello da Pisa. Dies führt auch schon zu Aufbau und Inhalt von Marco Polos Werk ‹Il Milione›. Da ist zunächst der Prolog der ‹Mirabilia›, der Wunder der Welt, der vor allem dazu dient, die Reise Marco Polos entsprechend einzuleiten, um ihr eine große Bedeutung zu verleihen. Danach brachen die beiden jüngeren Brüder der venezianischen Kaufmannsfamilie, Marco Polos Vater Niccolò und sein Onkel Maffeo, im Jahre 1260 von Konstantinopel zu einer Handelsreise in den Fernen Osten auf, die sie über die Krim und Sarai an der Wolga, dem Hauptzeltlager des Khans der Goldenen Horde, Berge Khan, bis nach Peking führte. Diese Reise ist nur durch das Werk von Marco Polo bekannt. Danach hielten sich Niccolò und Maffeo bis zu ihrer Rückkehr nach Europa im Jahre 1269 ein Jahr lang im Reich der Goldenen Horde auf und waren hier als Kaufleute tätig. Darauf folgten drei Jahre in Buchara. Ihre Rückreise mit einem diplomatischen Auftrag des Großkhans Khubilai Khan, vom Papst hundert Gelehrte, gemeint sind wohl Geistliche, zu erwirken, dauerte wiederum drei Jahre. Im übrigen machten die Mongolenherrscher von Kaufleuten öfters Gebrauch, um sie für diplomatische Aktivitäten einzusetzen. Bei der Rückkehr von Niccolò und Maffeo nach Venedig war Marco Polo, der Sohn des ersteren, fünfzehn Jahre alt.

Die zweite Reise, zu der die Polos im Jahre 1271 aufbrachen und an der auch Marco Polo teilnahm, wird in seinem Werk als Rückreise zum Großkhan, um dessen Auftrag zu erfüllen, dargestellt. Marco Polo steht nun im Mittelpunkt des Geschehens, wobei der Empfang bei Großkhan Khubilai Khan, der Marco Polos sprachliche Kompetenz erkannte und ihn mit einer sechsmonatigen Gesandtschaft in eine ‹entfernte Provinz› seines Reiches beauftragte, den Beginn einer siebzehnjährigen Tätigkeit im Dienste des Großkhans darstellte. Um von China nach Europa zurückzukehren, benötigten die Polos allein drei Jahre, zum Teil in Form einer Seereise, nachdem sie angeblich – nur durch Marco Polo verbürgt – einen Gesandten des persischen Il-Khans vom Hof des Großkhans nach Persien zurückbegleiten sollten, um schließlich im Jahre 1295 in Europa anzukommen.

Marco Polo redet in seinem Werk von sich in der dritten Person und fungiert somit als «auktorialer Erzähler, der seine Gelehrigkeit und sein Geschick preisen kann».[40] Über das Leben Marco Polos, seines Vaters und Onkels in China erfährt man so gut wie nichts. Daher fällt es definitorisch schwer, Marco Polos Werk als Reisebericht zu charakterisie-

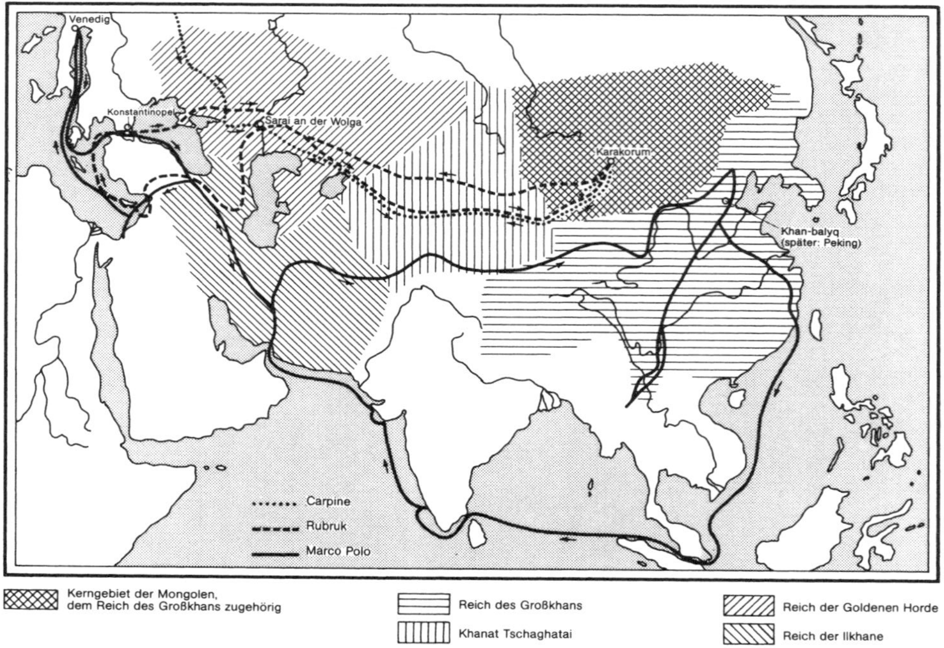

Marco Polo in China. Die rekonstruierten Reisen gehen davon aus, daß Polo in China gewesen ist, was gelegentlich bezweifelt wurde.

ren. Es ist nicht dessen Leben in Ostasien, das im Zentrum steht, sondern das Wissen über diesen Erdteil, das hervorgehoben wird. Um den Leser auf diese ‹Länderbeschreibung› vorzubereiten, geht es vor allem im Prolog von Marco Polos Werk. Reisen im Dienste des Großkhans waren eine in der Mongolenära Chinas durchaus übliche Sache, die unter der nachfolgenden Ming-Dynastie kaum möglich gewesen wäre. Deshalb war Marco Polo in der Lage, die Mirabilia Asiens sozusagen authentisch zu präsentieren. Wieso Marco Polo letztlich nicht einen Reisebericht fertigte, sondern eine Länderbeschreibung – unter weitgehender Rücknahme seiner Person –, hängt aufs engste mit der Entstehungsgeschichte seines Werkes zusammen. Alles spitzt sich im Grunde auf die Frage zu, ob Marco Polo oder Rustichello bzw. Rusticiaus von Pisa das Werk geschrieben hat. Es scheint letztlich ein Zufall gewesen zu sein, daß diese Länderbeschreibung überhaupt entstanden ist, denn es entsprach nicht unbedingt dem Usus, daß Kaufleute über die Erfahrungen und Erlebnisse ihrer Handelsreisen Berichte abfaßten. Marco Polo muß dazu von jemand anderem, eben von Rustichello, ermuntert worden sein. Jedenfalls dürfte sich zunächst keiner der im Jahre 1295 nach Venedig zurückgekehrten drei Polos mit dem Gedanken getragen haben, die Erfahrungen im Reich des mongolischen Großkhans zum Gegenstand eines Berichts oder gar eines Buches zu machen. Immerhin dauerte es bis zum Jahre 1298, also drei Jahre, bis Marco Polo sich dazu entschloß.

Entscheidend war, daß Rustichello Marco Polo als versierter Schreiber bzw. Literat zur Seite stand. Rustichello war nicht nur ein Kompilator von Artusromanen, sondern er beherrschte die ‹franko-Italienische Literatursprache›, in der Marco Polos Werk abgefaßt ist, eine Sprache, der Marco nicht mächtig war. Das ‹Franko-Italienische› war die Sprache des höfischen Romans, der vor allem von einem höfischen Publikum geschätzt und gelesen wurde. Dieser Umstand war für die Rezeption von Polos Werk von entscheidender Bedeutung. In einer anderen Sprache, beispielsweise dem Venezianischen, hätte Polo diese Breitenwirkung über einen engen Bereich hinaus nicht erreicht, vor allem nicht mit einem für einen Reisebericht charakteristischen engeren Adressatenkreis, etwa von Kaufleuten. Rustichello sah sich wohl in einer ‹Doppelrolle› als Zuhörer und Erzähler. Er kann als eine Art ‹literarischer Transmissionsriemen› verstanden werden. Mehr als Marco Polo dürfte Rustichello für die inhaltliche Konzeption verantwortlich gewesen sein, aber das Wissen über Asien schöpfte er aus den Erzählungen oder vielleicht schriftlichen Aufzeichnungen Marco Polos. So teilt Rustichello den Lesern zu Beginn des Buches mit, «seit der Erschaffung unseres Urvaters Adam gab es keinen Christen, keinen Heiden, weder einen Tataren noch einen Inder, keinen einzigen Menschen irgendwelcher Herkunft, der so viel wußte und erforschte und der über eine solche Fülle von Merkwürdigkeiten Bescheid weiß wie Messer Marco Polo allein.»[41] Größer könnte das Lob für Marco Polo gar nicht ausfallen.

Was Rustichello hier so großsprecherisch anpries, paßte auf das obengenannte höfische Publikum: Polos Werk ist im Rahmen einer enzyklopädisch breiten Beschreibung Asiens – ‹Le Divisament du Monde›, ‹Il Milione› – bzw. einer chorographischen oder Länderbeschreibung mit Schwerpunkt auf Außergewöhnlichem und Wunderverdächtigem von West- bis Ostasien zu sehen. Wenn der Name China fehlt, so hat das seinen Grund darin, daß für das mongolisch beherrschte Nordchina der Name Catai und für Südchina Mangi Verwendung fand. Auch wenn Rustichello einräumte, daß Marco Polo nicht alle Regionen mit eigenen Augen gesehen hatte, sondern sich auf glaubwürdige Zeugen verlassen mußte, war der Anspruch des Werkes und dessen Realisierung bis dahin beispiellos gewesen. Bei näherer Betrachtung besitzt das Werk Marco Polos eine wiederkehrende deskriptive Struktur: Sie besteht in der Angabe von Wegstrecken, Hinweisen auf Herrschaftszugehörigkeit, religiöser, sprachlicher und kultureller Zugehörigkeit, der Nennung von regionalen und lokalen Nahrungsmitteln, der Märkte und der Herkunft ihrer Produkte sowie der Angabe der lokalen Währungen. Das wiederum scheint doch sehr aus der Perspektive des Kaufmannes betrachtet. Trotzdem ist Marco Polos Werk kein Reisebericht für europäische Asienreisende, sondern für ein anderes Publikum bestimmt. Gerade die Strukturierung der Informationen erklärt die nachhaltige Rezeption Marco Polos bis ins 16. Jahrhundert; es war das ‹wie› und nicht das ‹was› der Darbietung, das den Erfolg garantierte. Die meisten mittelalterlichen Ostasienberichte der sogenannten Mönchsreisen waren damals schon längst vergessen.

Welches Bild von Asien machte sich Christoph Columbus?

Gerade Christoph Columbus kommt für die Rezeption von Marco Polo große Bedeutung zu. Wenn auch Marco Polo nicht der einzige Autor war, den Columbus kannte und dessen Werke er sogar besaß, so doch der wichtigste. Es ist der Usus von Randbemerkungen (‹apostillas›), den Columbus gepflogen hat, der optimale Voraussetzungen zur Beantwortung der Frage bereitstellt, wofür Columbus sich besonders interessierte bzw. was ihn bei seiner Lektüre am nachhaltigsten beeindruckte und was er in seiner Polo-Ausgabe deshalb rasch wiederfinden wollte.

Columbus besaß eine lateinische Ausgabe von Polos Werk, 1485 in Antwerpen gedruckt, die heute in der Biblioteca colombina in Sevilla aufbewahrt wird. Diese Bibliothek enthielt zum Zeitpunkt des Todes von Christoph Columbus' Sohn Fernando über 15 000 Titel. In der Polo-Ausgabe finden sich rund 250 Randnotizen, die in der Regel den Charakter von wörtlichen Hervorhebungen einzelner Textpassagen von Polos Werk haben. Nur selten hat Columbus diese Randnotizen frei formuliert; sie lassen aber trotzdem oder

Marco Polo, Holzschnitt mit deutscher Umschrift, 1477. Marco Polo ist im Stile des 15. Jahrhunderts dargestellt.

gerade deshalb die Interessenlage des Entdeckers deutlich erkennen. Naturgemäß kommen darin Polos Kaufmannsinteressen stark zum Ausdruck, so durch die Hinweise auf Gewürze (generell oder speziell wie Pfeffer), Kampfer, Gold, Silber, Perlen, Edelsteine, Stoffe, vor allem Seide und goldgewirkte Stoffe. Das gleiche gilt für die Begriffe Reichtum, Überfluß (meist kombiniert mit den Produkten), Lebensmittel (‹abundancia de vituallas›), Zucker, Getreide, Wein und Tiere (sehr oft Kamele, Elefanten, Ochsen). Das hat Columbus in seinen Randnotizen immer wieder hervorgehoben. Doch hat er auch andere Themenbereiche wie Schiffe und Menschen vermerkt. So erfährt der Erzpriester Johannes, jene sagenhafte Figur, mit der die europäischen Fürsten hohe politisch-militärische Hoffnungen verknüpften, von Columbus ebenso eine mehrfache Hervorhebung wie der Apostel Thomas und die Thomaschristen in Indien. Besonderen Eindruck muß auf Columbus die von Marco Polo genannte Zahl von 7448 Inseln gemacht haben, im Rahmen derer die Insel Cipangu, das heutige Japan, eine besondere Stellung einnahm. Mit diesen Inseln waren eigentlich die Gewürzinseln, die indonesische Inselwelt gemeint, womit eine Kombination verschiedener Inselwelten vorgenommen wurde. Auch die Windsysteme und Schiffahrtsmöglichkeiten, etwa die Monsunwinde im Chinesischen Meer (‹Winter- und Sommerwind›) fanden das Interesse von Columbus, ferner die Bedeutung der muslimischen Schiffahrt für den Zwischenhandel zwischen Aden und Alexandria.

Drei Beispiele mögen im folgenden genügen, um die von Marco Polo geschilderten und für europäische Begriffe und Vorstellungen beeindruckenden Größenverhältnisse sowie den Reichtum Chinas und Japans vor Augen zu führen. Sie mögen auch Christoph Columbus beeindruckt haben. Zunächst zu China mit zwei enthusiastischen Städtebeschreibungen – Canbaluc, der Hauptstadt Nordchinas, und Quinsai, der Hauptstadt Südchinas. Die Stadt Canbaluc, die Vorläuferin des heutigen Peking, habe «unvorstellbar viele Menschen und Häuser, es ist unmöglich, sie zu zählen; denn auch die Vorstädte sind dicht besiedelt. Außerhalb eines jeden der zwölf Stadttore wurden neue Wohngebiete gebaut, und hier haben sich im gesamten mehr Leute niedergelassen als in der Stadt selbst. In den Vororten steigen die Kaufleute ab und Reisende, die in der Stadt etwas zu besorgen haben oder die beim Kaiser vorsprechen möchten.»[42] Und auf die weltweite Einmaligkeit der Haupt- und Residenzstadtfunktion im speziellen bezogen, fügt Marco Polo hinzu: «Nirgends auf der Welt werden dermaßen viele seltene, erlesene Waren gehandelt wie in Canbaluc. Ich werde euch einige nennen. Aus Indien stammen die teuersten Dinge, Edelsteine, Perlen und andere Kostbarkeiten. Das Wertvollste, das es in Catai und in den übrigen Provinzen gibt, wird nach Canbaluc gebracht. Alles findet Absatz; denn hier residiert der Oberste Herrscher, hier wohnen die reichen Frauen, die Fürsten und viele andere Menschen; hier halten sich Gäste auf, hierher reisen Unzählige, wenn der Kaiser Hof hält. Aus diesen Gründen ist Canbaluc so großartig und mit keiner andern Stadt zu vergleichen. Stellt euch bloß vor: jeden Tag kommen mehr als tausend Wagen an, voll beladen mit Seide. In diesen Gegenden werden Stoffe aus Gold und Seide gewoben. Zum Einzugsgebiet der Stadt gehören etwa zweihundert Städte. Von dort her reisen die Menschen in die Kapitale, bringen ihre Waren und besorgen sich, was sie selber benötigen.»[43]

Quinsai, das heutige Hangzhou, die Hauptstadt von Mangi (Südchina), beschreibt Marco Polo als eine überaus große Stadt mit 100 Meilen im Umfang und mit 12 000 steinernen Brücken – neben noch mehr Holzbrücken. «Unter fast allen Brückengewölben können die großen Schiffe passieren; unter jenen, deren Bogen nicht ganz so hoch sind, fahren kleinere Schiffe. Es soll sich niemand wundern über die unzähligen Brücken; man darf nicht vergessen, die ganze Stadt ist im Wasser gebaut und von Wasser umgeben. Die Brücken sind nötig für den raschen Verkehr.»[44] Der Handel in Quinsai sei unermeßlich: Hier «werden viele Güter hergestellt und in die Provinzstädte verschickt. Unmöglich ist es, zu beschreiben, wie reich die Kaufmannschaft hier ist und mit welch unglaublichen Mengen an Waren hier gehandelt wird.»[45] Auch die Lage und das bauliche Erscheinungsbild der Stadt seien außergewöhnlich: «An ihrer Südseite erstreckt sich ein See von gut dreißig Meilen Uferlänge. Rund um den See stehen prächtige Paläste und vornehme Landhäuser, alles herrliche, kunstvoll geschmückte Bauten.»[46] Und, an seine Leser gewandt, meint der Autor zum nächstgelegenen Hafen: «Ihr mögt euch merken: fünfundzwanzig Meilen von Quinsai entfernt, zwischen Nordost und Ost, beginnt der Ozean. Dort unten liegt die Stadt Ganfu. Im Meerhafen gehen riesige Schiffe mit vielen kostbaren Gütern aus

Indien und anderen Gütern aus Indien und anderen Ländern vor Anker. Stadt und Hafen sind durch einen schiffbaren Fluß verbunden. Der Fluß kommt von weit her.»[47] Neben dem außenhandelspolitischen Aspekt bringt Marco Polo auch eine militärische Dimension ins Spiel, die mit der Eroberung Südchinas durch die Mongolen zu tun hat und die für europäische Begriffe unglaublich klingt: eine Militärpräsenz zwischen je 1000 und 10 000 Soldaten in den 1200 Städten der Provinz Mangi.

Über Japan, die Insel ‹Cipangu›, heißt es bei Marco Polo schwärmerisch: «Cipangu ist eine sehr große Insel, tausendfünfhundert Seemeilen vom Festland entfernt. Es leben dort schöne, weißhäutige Menschen mit gefälligen Manieren. Sie sind Heiden; in völliger Unabhängigkeit regieren sie nur sich selbst und üben keine Herrschaft über andere Völker aus. Die Goldvorkommen auf der Insel sind unbeschreiblich reich. Ihr müßt aber wissen: niemand führt das Gold aus; denn kein Kaufmann, noch sonst irgendwer, reist von der Insel zum Festland. Daher dieser ungeheure Besitz an Gold. Ich schildere euch den prachtvollen Herrscherpalast. Ich sage die reine Wahrheit: das Dach des riesigen Palastes ist aus purem Gold. Genauso wie wir für unsere Häuser- und Kirchendächer Blei gebrauchen, wurde hier Gold verwendet. Unvorstellbar – welcher Wert darin liegt! Die Fußböden aller Räume – und es gibt deren viele – sind aus mehr als zwei Finger dickem Gold. Die Säle, die Fenster, wohin man schaut, alles im Palast ist mit Gold geschmückt. Ich kann nur sagen: das wäre das allergrößte Wunder, wenn einer die Worte fände, den unermeßlichen Reichtum des Palastes zu schildern.» Und um den Reichtum der Insel zu unterstreichen, fügt Marco Polo hinzu: «In Cipangu findet man unendlich viele Perlen. Sie sind rot, groß und schön rund und sind gleich viel oder sogar mehr wert als die weißen. Noch eine Menge anderer Edelsteine kommen auf dieser Insel vor, die so über alle Maßen reich ist.»[48] Diesen in Form von Golddächern gepriesenen Reichtum Japans hat Marco Polo selbst nicht kennengelernt, sondern er hat auf Berichte zurückgegriffen, die zu den instruktivsten im ‹il Milione› gehören und auf die Leser eine ungeheure Wirkung hatten.

China in der ersten Hälfte des 15. Jahrhunderts: Auf dem Weg zur maritimen Weltmacht›?

Was Columbus aufgrund seiner Lektüre Marco Polos nicht wissen konnte, war die zeitweise rasante Entwicklung der chinesischen Hochseeschiffahrt nach dem Ende der Mongolenherrschaft, in der frühen Mingzeit seit der zweiten Hälfte des 13. Jahrhunderts. Bekanntlich war die Epoche der Mongolenherrschaft in China, die Marco Polo erlebt und von der er profitiert hat, nicht von langer Dauer: 1234 eroberten die Mongolen Nordchina, erst 1279 ganz Südchina, aber schon 1351 gab es Erhebungen, die nach einigen Jahren zum Verlust der Kontrolle über das gesamte Reich führten. Der erste Ming-Kaiser, Hongwu (1368–1398), der 1328 geborene Zhu Yuanzhang, übernahm 1348 die Herrschaft, gründete 1368 in Nanking die Dynastie der Großen Ming und nahm noch im gleichen Jahr Peking ein. 1381 folgte Yunnan, und 1387 brach die Mongolenherrschaft in ganz China zusammen. Für die ersten Jahrzehnte der Ming-Dynastie sind eine regulative bzw. steuernde Bevölkerungs- und Wirtschaftspolitik sowie eine Stärkung des Kaisertums nach innen und außen typisch. Dabei knüpften die ersten Ming-Herrscher vielfach an mongolische Traditionen bzw. Errungenschaften an. Die wachsende Autokratie war ohne eine geheime Überwachung der Beamtenschaft gar nicht möglich, wie die 1382 gegründeten ‹Garden mit den Brokatkleidern› (‹jingiweit›) zeigen.

Für unseren Zusammenhang ist die Forcierung der Außenbeziehungen Chinas durch die Ming-Kaiser von besonderem Interesse, und zwar speziell was die Wiederherstellung der Geltung Chinas bei seinen Nachbarn anlangt; gegenseitige Gesandtschaften sprechen eine deutliche Sprache. Das gilt nicht nur im Hinblick auf die Kontrolle über die Mongolenstämme an der chinesischen Nordgrenze und in der Mandschurei, die im Jahre 1410 bis zur Amur-Mündung besetzt wurde, sondern auch im Hinblick auf den Süden, wo schon im Jahre 1406 das vietnamesische Reich der Tran erobert worden war. Diplomatische Missionen gingen nach Zentralasien und bis in den Mittleren Orient (Tibet, Nepal, Indien, Bengalen) sowie nach Japan und Java. In diesem Zusammenhang sind die Bemühungen um die maritime Geltung Chinas besonders auffallend. In diese Phase der Stabilisierung der frühen Ming-Herrschaft unter Kaiser Yongle (1403–1424) fallen hervorragende Bemühungen auf maritimem Gebiet. Sie sind der Ausdruck der technischen Überlegenheit Chinas zu Beginn des 15. Jahrhunderts und seines Vorsprungs vor Portugal und Spanien, deren Schiffe erst gegen Ende dieses Jahrhunderts Hochseefahrten über lange Distanzen unternahmen. Die chinesischen Expeditionen stellen keine Ausnahmeerscheinung dar, sondern basieren auf jahrhundertelanger maritimer Erfahrung. «Die Expeditionen der Yongle-Ära sind nur deshalb in den Dynastiegeschichten besonders hervorgehoben worden, weil es sich um offizielle Unternehmungen handelte.»[49] Auch dieser Tatbestand ändert jedoch nichts daran, daß es sich dabei um die bis dahin bedeutendsten und vor allem weitreichendsten Seefahrten in der chinesischen Geschichte handeln dürfte. Sie wurden von einem Eunuchen namens Zheng He organisiert, der von 1371 bis 1434 lebte und dessen Vater ein aus Yunnan stammender Muslim war. Zheng He bekleidete zunächst wichtige militärische Ämter, ehe er sieben Expeditionen zur See unter der Herrschaft der Kaiser Yongle und Yuande (1425–1435) leitete. Es handelte sich in der Regel um zweijährige Fahrten. Offensichtlich fiel die Wahl bewußt auf einen Muslim, um die Kontakte mit den angesteuerten islamischen Ländern und Regionen zu erleichtern.

Diese nach 600 Jahren in China gegenwärtig gefeierten Flottenunternehmungen gingen in den Jahren zwischen

1405 und 1407 nach Champa an der Südostküste Vietnams, Java, Sumatra, Malakka, Ceylon und Kalikut an der Westküste Südindiens. In Palembang (Südostsumatra) gab es eine chinesische Kolonie. In den Jahren zwischen 1407 und 1409 lief die chinesische Flotte Kalikut und Kotschin an der Malabarküste sowie Ceylon an. Zheng He ließ Stelen errichten, um damit die Vassalität von Kalikut, Kotschin und Ceylon zum Ausdruck zu bringen. Die dritte Fahrt in den Jahren zwischen 1409 und 1411 ging nach Siam, Malakka, an die Küste von Malabar und nach Ceylon. Dabei kam es offenbar auch zu militärischen Auseinandersetzungen. Von 1413 bis 1415 fuhr eine Flotte über Sumatra nach Kalikut und Ormus, wobei ein Teil davon die Ostküste Afrikas in der Gegend von Mogadischu in Somalia, ebenso Aden am Eingang zum Roten Meer erreichte. Dabei griff man auch in die Angelegenheiten des Sultanats von Samudra-Pasai im Nordwesten von Sumatra ein. In den Jahren von 1417 bis 1420 fuhr wieder ein Teil der Flotte, die nach Sumatra gefahren war, nach Somalia und Arabien weiter. Es war die längste Seereise von Zheng He. In den Jahren 1421/22 fuhr erneut eine Flotte nach Sumatra, eine weitere nach Ostafrika und in den Persischen Golf. 1424 segelte überdies eine kleine Flotte nach Palembang, und zuletzt fuhr eine Flotte in den Jahren zwischen 1431 und 1433 nach Champa, Java, Palembang, Malakka, an die Malabarküste und nach Ormus, wobei ein Teil davon von Kalikut aus nach Djidda, dem Hafen von Mekka, vorstieß.

Vermutlich waren all diese Fahrten zu Beginn des 15. Jahrhunderts von diplomatisch-militärischen und handelspolitischen Interessen geleitet. Sie sind sowohl als Prestigeangelegenheiten zu betrachten als auch als Unternehmungen, die das Ziel verfolgten, den Kaiserhof mit Luxusgütern und Exotika zu versorgen. Sie hatten auch ihren wirtschaftlichen und finanziellen Preis, da beispielsweise die großflächige Anpflanzung von Bäumen in der Gegend von Nanking überhaupt erst den Bau einer Hochseeflotte ermöglichte. Unverkennbar sind auch die expansionistischen Absichten der Ming-Dynastie, militärische Eroberungen mit dem (Wieder-) Aufbau handelspolitischer Beziehungen zu verbinden; Macht und Prestige des Ming-Reichs in Südostasien und im Indischen Ozean sollten wiederhergestellt werden.

Die maritimen Unternehmungen Chinas in der ersten Hälfte des 15. Jahrhunderts veranschaulichen jedoch auch etwas anderes, nämlich den hohen Entwicklungsstand der chinesischen Schiffahrt, gerade auch im Vergleich zur ‹christlichen Seefahrt›. Diese aus 50 und mehr Dschunken bestehenden Expeditionen, mit über 20 000 Personen auf jeder Reise, scheinen sämtliche Erwartungen erfüllt zu haben: Sie steigerten Chinas Prestige nicht nur in Ostasien, sondern auch im Indischen Ozean. Die überlegene chinesische Flotte hielt auch die japanischen Piraten von den chinesischen Küsten ab. Auch nahm die chinesische Emigration in die südasiatischen Länder und in die Häfen Südindiens zu. Im Zuge der Seereisen der Jahre 1405–1433 entstanden in China geographische Werke. Zu den bekanntesten gehören die ‹Aufzeichnungen über die Barbarenreiche der westlichen Meere› (Xiyang fanguo zhi), die ‹Wunderdinge, die vom Sternenschiff entdeckt wurden› (Xiangcha shenglan) von 1436 und die ‹Wunder der Meere› (Yingya shenglan), die ein Begleiter Zheng Hes, der Eunuch Ma Huan, der an dessen vierter und siebenter Fahrt teilgenommen hatte, im Jahr 1451 herausgab.

Allerdings ging diese Expansionsphase der chinesischen Politik im Jahre 1433 (offenbar abrupt) zu Ende, und damit verbunden eine 400 Jahre lange ‹große Geschichte› der chinesischen Seefahrt. Sie findet ihren Ausdruck im Niedergang der chinesischen Flotte im 16. Jahrhundert und einer gleichzeitigen Zunahme japanischer Piratenangriffe an den ausgedehnten chinesischen Küsten. Auch nahm an der chinesischen Nordgrenze die Bedrohung durch die Mongolen bzw. durch die Oriatenstämme in der östlichen Mongolei wieder zu und erreichte ihren Höhepunkt mit der Gefangennahme von Kaiser Zhengtong im Jahre 1449. Mit dem Bau der großen inneren Mauer und einer weiteren Befestigungslinie im Süden des Ordos-Gebiets suchten sich die Kaiser in der Folgezeit zu schützen.

Chinesische und ‹christliche› Seefahrt im Vergleich

Columbus hat mit der Randglosse ‹Schiffe aus Indien› in Marco Polos Werk wohl jene Kaufmannsschiffe gemeint, die zwischen China und Indonesien verkehrten. Polos Beschreibung könnte sich auf chinesische Schiffe beziehen, wenn er zu ihrer Bauart bemerkt: «Sie haben ein Deck. Darauf gibt es – auf den meisten Schiffen – sechzig Kabinen, wo ein Kaufmann sich bequem aufhalten kann. Die Schiffe sind mit einem Steuerruder und vier Masten ausgerüstet; oft sind zwei zusätzliche Masten vorhanden, die nach Bedarf eingesetzt werden.» Die großen Schiffe hätten ein Kammersystem, um beim Stranden die Beschädigung des Rumpfes in Grenzen zu halten.[50] Die Schiffe der Flotten von Zheng He waren sicherlich größer als jene der Mongolenzeit. Seine weitreichenden Fahrten wären ohne entsprechende nautische Kenntnisse, schiffstechnische und schiffsbaumäßige Voraussetzungen nicht denkbar gewesen. Es ist hier allerdings nicht der Ort, auf die lange Kontinuität chinesischer Schiffahrtskunst und Hochseenavigation von den ersten nachchristlichen Jahrhunderten an zurückzublicken. Klar ist jedenfalls, daß die Chinesen über größte Erfahrungen auf dem Gebiet des Schiffsbaues verfügten. Das gilt für die hochseetüchtigen Typen der Dschunken: das ‹Sandschiff›, das ‹Vogelschiff›, das ‹Fujian-Schiff› und das ‹Guangdong-Schiff›. Das altbewährte ‹Sandschiff›, in der Epoche der Mongolen als ‹flachbodiges Schiff› bezeichnet, wurde während der Ming-Dynastie populär. Die größten unter den Sandschiffen waren die ‹Schatzschiffe› mit 150 Metern Länge und 12 Segeln. Die Flotten von Zheng He bestanden aus insgesamt 100 bis 200 Schiffen mit einer Besatzung von insgesamt 15 000 bis 20 000 Mann, darunter jeweils 40 bis 60 Schatzschiffe. Sandschiffe zeichneten sich durch flache Böden aus, die vor dem Stranden schützten. Wegen des geringen Tiefgangs waren es schnellsegelnde Schiffe, die auch gut gegen den Wind segeln konnten. Aufgrund ihrer speziellen Konstruktion mit durchlaufenden Längsplanken vom Vordersteven bis zum Heck waren sie besonders wasserdicht und hochseetauglich, d. h. auch für weite Strecken auf offenem Ozean von China bis Afrika geeignet und hielten auch größere Windstärken aus.

Die Fujiang-Schiffe hatten ebenfalls einen runden Boden und verfügten über große Hochseetauglichkeit; sie bildeten den größten Anteil der chinesischen Hochseeflotten während der Ming-Dynastie. Am Kiel zugespitzt, am Heck breit, mit hochgezogenem Bug und Heck, verfügte das Schiff über vier Decks: ein unterstes mit Ballast zur Stabilisierung, ein zweites Deck für die Unterkunft der Mannschaft, ein drittes zur Betätigung der Masten und Segel und ein oberstes mit Bogenschützen und Kanonieren (Feuergeschütze gab es in China seit dem 14. Jahrhundert), um feindliche Schiffe bekämpfen zu können. Sie waren als Kriegsschiffe höchst geeignet und in der Lage, feindliche Schiffe zu rammen und zu versenken.

Die chinesische Technik der Hochseenavigation und nautischen Astronomie war in der Ming-Dynastie so weit gediehen, daß es möglich war, die geographische Breite aufgrund der Sternenhöhe zu bestimmen. Die Bestimmung der Sternenhöhe wurde in China als ‹Sternzielende Technik› bezeichnet, die mit Hilfe eines Gerätes der sogenannten ‹Sternzielenden Tafeln› festgestellt wurde. Im Grunde ging es um die Bestimmung der Höhe des Polarsterns. Dazu dienten verschiedene Tafeln, die der zuständige Seemann mit ausgestrecktem Arm an der Mitte einer Seite hochhielt, während er zum Himmel blickte. Neben den himmelsgebundenen Beobachtungsmitteln gab es auch erdgebundene.

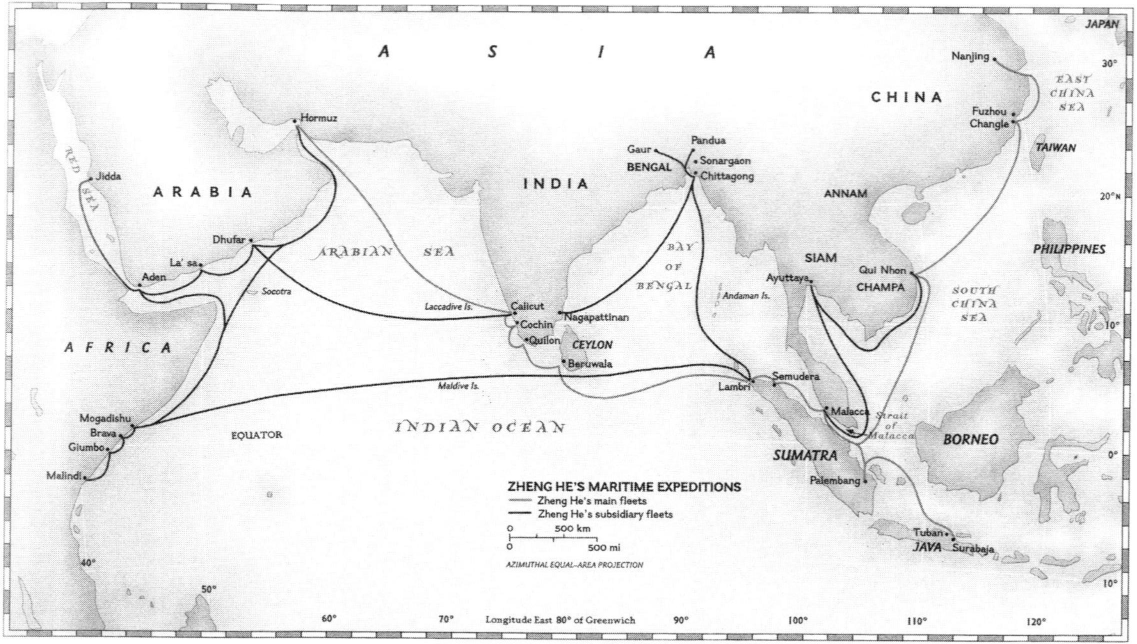

Die Reiserouten der Flotten des chinesischen Seefahrers Zheng He (Rekonstruktion)

Dazu gehörte der magnetische Kompaß, die Log-Leine, das Senkblei sowie der Kompaßkurs samt Navigationskarten. Die Kompaßnadel, die sogenannte ‹südwärts weisende Nadel›, eine ‹schwimmende Nadel›, war seit den ersten Jahrhunderten n. Chr. in Gebrauch, später übernahm diese Funktion der ‹Wasserkompaß›. Er hatte eine Unterteilung (Zwischenpunkte genannt) in 24 Teile bzw. 48 Richtungen zu je 7 Grad und 30 Minuten. Auf den chinesischen Schiffen wurde der Kompaß eigens verwahrt und vom Chefnavigator verwaltet, der auch für das Logbuch und die Seekarten verantwortlich war. Ohne Kompaßgebrauch auf hoher See waren die langen Fahrten nach Indonesien und weiter nach Westen unvorstellbar, auch die von Zheng He. Die Entdekkung Amerikas durch Columbus und die Weltumseglung Magellans, mehr als ein halbes Jahrhundert nach den Fahrten von Zheng He, hätten ohne Kompaß wohl kaum durchgeführt werden können.

Logähnliche Messungen gab es schon im 3. Jahrhundert n. Chr., indem man ein Stück Holz, später das Logscheit an der Logleine, am Bug ins Meer warf und zum Heck lief, um zu beobachten, wie lange das Holz brauchte, bis es das Heck erreicht hatte. In der Ming-Zeit stellte man mehr Leute dafür ab, die Messungen mit dem Log vornahmen. Seit der Tang-Dynastie (618–907) benützten die chinesischen Lotsen Tiefenlote, in der Ära der Song-Dynastie (960–1279) kamen Seekarten, sogenannte ‹Nadelführer› auf, und zwar für bestimmte Routen, mit Angaben des Abfahrtshafens, der Segelrichtungen, Richtungswechsel, mit schematischen Ansichten der Häfen, Küstenberge etc. Auch Zheng He verfügte über Karten dieser Art.

Im Vergleich dazu basierte die Entwicklung der ‹christlichen Seefahrt› zum einen auf dem seit der Antike üblichen Typ der Galeere, einem Ruderschiff, das für den Charakter des Mittelmeeres als relativ ruhiges Binnenmeer gut geeignet war, erlaubte sie doch die leichte Überbrückung von Windstillen durch den Einsatz von Ruderkraft. Außerdem

Karracke/Koggen aus Bernhard Breydenbachs Reise ins Heilige Land, Mainz 1486 – ein Bild, das auch für eine Ausgabe des ‹Columbus-Briefes› von der ersten Reise Verwendung fand.

war die Galeere wendiger als ein Segelschiff. Allerdings ergaben sich Probleme im Zuge der Ausweitung des Aktionsradius, d. h. beim Einsatz für Atlantikfahrten bis zu den Britischen Inseln. Auf langen Strecken mußte mehr Proviant für eine größere Besatzung geladen werden, was den Laderaum zwangsläufig verringerte. Damit stieß man an den Rand der Rentabilität. So war es verständlich, daß Galeeren eher für kurze Strecken zum Transport von Luxusgütern sowie als Kriegsschiffe geeignet und dadurch kostenverträglich waren. Andererseits waren Segelschiffe für den Transport von Rohstoffen und Massengütern bestens geeignet, auch wenn die Schiffe schwerfälliger und umständlich zu manövrieren waren. Auch war dieser Schiffstyp entwicklungsfähig, ganz im Gegensatz zur Galeere, die höchstens mit ein bis zwei Segelmasten ausgerüstet sein konnte. Das begann mit der Anzahl und Art der Segel. Die Anzahl der Masten – von einem einzigen ausgehend – konnte vermehrt werden, in der Regel bis hin zum klassischen Dreimaster, der seit der Mitte des 15. Jahrhunderts zum Standardtyp der europäischen Segelschiffe werden sollte.

Diese dickbauchigen Segelschiffe hatten ursprünglich einen Mast mit einem einzigen großen quadratischen Rahsegel. Die nordeuropäischen ‹Koggen›, die seit dem 14. Jahrhundert im Mittelmeerraum bekannt wurden, waren anfänglich mit einem Masten, später mit drei Masten und Segeln bestückt und besaßen ein am Heck anstelle eines Seitenruders befestigtes Steuerruder. Dieses Steuer war Mitte des 13. Jahrhunderts eine große Neuerung, erlaubte es doch grundsätzlich ein leichteres Manövrieren des Schiffes und vor allem eine bessere Kontrolle, so etwa auch ein Segeln bzw. ein Kreuzen gegen den Wind. Besser zu steuern waren die Mittelmeerschiffe mit den von den Arabern stammenden dreieckigen ‹Lateinsegeln›, die bei kräftigem Wind quer zur Fahrtrichtung gesteuert werden konnten und sich vor allem in engen Gewässern bestens bewährten und wendiger waren. Von Nachteil hingegen waren die Lateinsegel hinsichtlich der benötigten Anzahl von Matrosen zur Bedienung der Takelage. Sie betrug das Doppelte wie bei den Rahsegeln.

Seit der Mitte des 15. Jahrhunderts wurde in den Mittelmeerländern ein Schiffstyp entwickelt, der beide Segelarten kombinierte und auf diese Weise die Vorteile beider nützte und gleichzeitig die Nachteile des einzelnen Segeltyps kompensierte. Der dreimastige Standardtyp hatte an Haupt- und Vormast je ein oder mehrere Rahsegel, hinten am Besanmast jedoch ein Lateinsegel. Die größten Schiffe dieses Bautyps, die sogenannten Karrakken, hatten eine Tonnage von 1000 und mehr Tonnen. Aufgrund ihrer Beplankung konnte diese Größe erreicht werden. Sie wurden im 16. Jahrhundert wegen der günstigen Relation von Kosten und Laderaum führend im Einsatz für den portugiesischen Indienhandel. Die als Karavellen bezeichneten kleinsten Schiffe dieser Art fanden in den portugiesischen und spanischen Flotten Verwendung, wogen weniger als 100 Tonnen und waren nur 20 bis 25 Meter lang. Ursprünglich nur mit Lateinsegeln ausgerüstet, daher ‹Carabelas latinas› genannt, erhielten sie mit der Zeit eine kombinierte Takelage mit Rah- und Lateinsegeln – in Analogie zu den Karracken – und wurden auf portugiesischer Seite seit 1440 für die afrikanischen Küstenfahrten eingesetzt. In Spanien hießen diese Schiffe ‹Carabelas redondas›.

Nicht nur in der Schiffbaukunst gab es seit dem Spätmittelalter neue Anforderungen, sondern auch im Bereich der Navigation, vor allem ab dem Zeitpunkt, als sich die ‹christliche Schiffahrt›, fern des bekannten Mittelmeeres und der Ostsee sowie der atlantischen Routen nach England, an neuen Küsten wie den afrikanischen und schließlich auf hoher See bewegte. Die ursprünglich ausreichende Lotsenkunst forderte ab diesem Moment ganz andere Qualitäten im Hinblick auf die Orientierung, die auf der Beobachtung und Auswertung astronomischer und geographischer Daten basierte. Sie ging über die Erfahrungen der Lotsen, die sogenannte Lotsenkunst, hinaus. Seit dem 13. und 14. Jahrhundert waren den Seefahrern vier Hilfsmittel zur Verfügung gestanden: Lotsenhandbücher bzw. Portolane, der Magnetkompaß, Seekarten und einfache Logtafeln. Es ging dabei im wesentlichen um die Orientierung auf den europäischen Binnenmeeren wie dem Mittelländischen Meer und der Ostsee. Dabei gingen im mediterranen Raum das Lotsenhandbuch sowie die korrelierende Karte, die Portolankarte, im Portugiesischen ‹Roteiro› genannt, eigentlich auf den antiken Periplus zurück. In diesem waren nicht nur Küstenlinien eingezeichnet oder Gefahrenzonen wie Untiefen enthalten, sondern die Portolankarte war mit einem Gradnetz (16 bis 32 Windrosenrichtungen) überzogen, das es den Seefahrern möglich machte, die Kompaßrichtung zu ermitteln. Auch gab es schon trigonometrische Tafeln, die ‹Toleta de Marteloio›, die das Verhältnis von Katheten und Hypotenuse verschiedener rechtwinkeliger Dreiecke enthielten und damit den gesegelten Kurs als eine Reihe von Dreiecken verstehen und konstruieren ließ. Schwierig hingegen blieb die Berechnung der zurückgelegten Strecke wegen der schwer meßbaren Geschwindigkeit des Schiffes. Es ist interessant, daß nicht die Nordeuropäer, die erfahrensten Seeleute des Mittelalters mit jahrhundertelanger Erfahrung in der Hochseeschiffahrt, an den navigationstechnischen Neuerungen der sogenannten ‹Koppelnavigation› – Kombination von Kompaß, Karte, Zirkel und Uhr – beteiligt waren, sondern die mediterranen Seefahrer. Genaueres ist durch den kastilischen Seefahrer Gutiere Diaz de Gomez aus dem Jahre 1431 bekannt, der in bezug auf eine Fahrt von Algerien nach Spanien folgendes berichtet: «Die Seeleute trafen ihre Vorbereitungen. Sie stellten die Bussolen mit Magnetnadeln bereit, sie öffneten die Seekarten und begannen mit den Zirkeln zu messen, denn die Fahrtroute war lang und der Wind konträr. Sie beobachteten die Sanduhr und vertrauten ihre Aufsicht einem verläßlichen Matrosen an. Sie hißten die Segel und empfahlen sich Gott […].»[51]

Das Problem der Orts- und Kursbestimmung in unbekannten Gewässern und an unbekannten Küsten bestand in der Ermittlung der Breiten- und Längengrade. Dabei diente, wie in der chinesischen Schiffahrt, der Polarstern der Breitenbestimmung durch einen Quadranten oder ein Astrolabium. Fuhr man in die Nähe des Äquators und war deswegen der Polarstern nicht mehr sichtbar, so mußte die Bestimmung der Mittagshöhe der Sonne ermittelt werden. In Portugal wurde dieses Problem «in einem fortgeschrittenen Stadium der Entdeckungen durch eine gezielte Initiative der Krone gelöst. Johann II. berief 1484 eine wissenschaftliche Kommission, die das Verfahren ausarbeitete und den Seeleuten die nötigen astronomischen Tabellen lieferte, denen sie entnehmen konnten, was sie jeweils zur gemessenen Sonnenhöhe dazuzählen oder davon abziehen mußten. Das alles wurde in einem nautischen Handbuch zum praktischen Gebrauch zusammengefaßt, das als ‹Regimento do astrolabio e do quadrante› spätestens 1509 gedruckt wurde, das erste einer langen Reihe derartiger Bücher in den verschiedensten Sprachen.»[52] Das eigentliche, bis ins 18. Jahrhundert unlösbare Problem blieb die Bestimmung der geographischen Länge, weil es an genau gehenden Uhren mangelte, denn zur Ermittlung der Differenz zum Nullmeridian mußte der Unterschied zwischen der jeweiligen Ortszeit und der Ortszeit des Nullmeridians (die Kanareninsel Hierro/Ferro, später Greenwich in England) bekannt sein.

Viertes Kapitel

Europa und die muslimische Welt: Zwischen merkantiler Koexistenz und machtpolitischem Konflikt

Europäischer Protokolonialismus› im Mittelalter

Das Spannungsverhältnis zwischen Koexistenz und Konflikten Europas mit der muslimischen Welt geht weit ins Mittelalter zurück und bestimmte die Entwicklung im Mittelmeerraum, im Orient und auf der Iberischen Halbinsel. Im Zusammenhang mit der Fragestellung dieses Buches ist es von besonderem Interesse, daß im Zuge dieses Beziehungsfeldes Vorläufer der späteren europäischen Expansion bzw. des ‹europäischen Expansionismus› des 15. und 16. Jahrhunderts zu konstatieren sind. Es ist die Erfahrungswelt des Mittelmeeres, der von jeher eine große Bedeutung für Europa im Umgang mit benachbarten Kulturen zukam. Hier ließen sich Erfahrungen in der Konfrontation mit ‹den Anderen› sammeln und Strategien im Hinblick auf Behauptung und Praktizierung eines modus vivendi entwickeln, ohne die die Beziehungen in Handel und Wirtschaft nicht funktioniert hätten. Michael Mitterauer zeigte zwei wichtige Bedeutungsfaktoren dieses Phänomens auf, nämlich die Kreuzzüge als ‹religiös motivierte Militäraktionen› und die von Profitinteressen getragene Wirtschaftspolitik der italienischen Seerepubliken. Dabei dürften letztere schon seit dem Jahre 1000 die Vorherrschaft im westlichen Mittelmeer errungen haben. Für sie war ein Engagement zugunsten der Kreuzzüge gegen die Muslime ein handelspolitisches Problem, standen doch ihre Handelsbeziehungen und Handelsstützpunkte im Orient auf dem Spiel. «Der Protokolonialismus der italienischen Seerepubliken steht in einem solchen Spannungsfeld. Durch diesen vermittelt, zum Teil aber auch von ihm unabhängig, wirkt die Kreuzzugsbewegung im europäischen Expansionismus fort.»[53] Sowohl im ‹Protokolonialismus› als auch in der Kreuzzugsbewegung sieht Mitterauer spezifische Erscheinungen des ‹europäischen

Sonderwegs›. Beide scheinen als Vorläufer von größter Bedeutung für die Erklärung der späteren, spätmittelalterlich-frühneuzeitlichen Expansion europäischer Prägung. Die italienischen Handelsrepubliken Genua und Venedig konnten ihre Flotten- und Militärleistungen im Dienste der europäischen Kreuzfahrer nützen, um Handelsstützpunkte im östlichen Mittelmeer und im Schwarzen Meer aufzubauen. Ferner ist die Entwicklung Portugals und Kastiliens zu Protagonisten der europäischen Expansion des 15. und 16. Jahrhunderts ohne gestaltende Mitwirkung der italienischen Handelsrepubliken, voran Genuas wegen der Schiffskapazitäten sowie des vorhandenen Handelskapitals, nicht erklärbar. Im westlichen Mittelmeer war Genua erfolgreicher als im östlichen, wo die venezianische Konkurrenz ungleich größer war.

Betrachtet man die italienischen Seerepubliken näher, so wird deutlich, daß es zunächst Pisa gewesen war, das seit dem 11. Jahrhundert die Insel Elba und wenig später Sardinien seinem Herrschaftsbereich angliederte – beide Inseln waren wegen ihrer Eisenerzvorkommen, Sardinien auch wegen seines Holzreichtums von Bedeutung. Basierte die pisanische Kolonialherrschaft auf Elba auf direkter Herrschaft, so baute Pisa im Falle Sardiniens auf päpstlicher Schutzherrschaft auf. In beiden Fällen handelt es sich um rohstoffreiche Außenbesitzungen. Der Streit zwischen Pisa und Genua um die Insel Korsika bringt auch hier die Wichtigkeit holzreicher Inseln zum Ausdruck, ohne deren Besitz der Flottenbau der genannten Seerepubliken nicht so leicht zu bewältigen gewesen wäre. Korsika war zunächst im Besitz Pisas, dann Genuas, seit dem Ende des 13. Jahrhunderts gelangte die Insel zum Teil an die Krone Aragons. Darüber hinaus errichteten die italienischen Seerepubliken auch eine Reihe von Handelsstützpunkten, die im muslimischen Teil des Mittelmeerraumes gelegen waren – die der Pisaner vor allem in Ägypten und Tunis, jene Genuas im nordwestafrikanischen Almohadenreich, das von der Mitte des 12. Jahrhunderts bis in die erste Hälfte des 13. Jahrhunderts hinein auch Andalusien umfaßte. In zeitlicher Parallele zu den Kreuzzügen waren Handelsimperien entstanden, deren Organisationsstruktur ein System von Handelsstützpunkten, die sogenannten ‹fondachi›, bildeten. Man ist gleichsam an das spätere portugiesische System der Handelsfaktoreien erinnert. Diese Handelsimperien konkurrierten im christlichen Bereich so intensiv, daß die Gewaltanwendung so weit ging, die gegnerische Flotte zu vernichten, wie es im Falle der Niederlage Pisas gegen Genua im Jahre 1284 geschehen ist, oder im Falle des Konflikts zwischen Genua und Venedig im Jahre 1298, von dem Marco Polo berichtet. Vielleicht kann man diese Ereignisse mit den Kolonialkriegen der europäischen Mächte seit dem 16. Jahrhundert vergleichen, die allerdings in Übersee ausgetragen werden sollten. Auch deshalb scheint die Verwendung des Begriffes ‹Protokolonialismus› für die mittelalterlichen Vorgänge und Entwicklungen durchaus berechtigt.

Im westlichen Mittelmeer lief Genua Pisa den Rang ab. Genua unterhielt in Valencia und auf den Balearen ‹fondachi›, d. h. Warenlager, ebenso in Nordafrika – in Bugia, Çeuta, Tunis, Tripolis – und an der marokkanischen Atlantikküste. Seit dem 14. Jahrhundert wurden die Beziehungen zum portugiesischen Hof zu einem wichtigen handelspolitischen Faktor. Es ist kein Zufall, daß damals genuesische Flottenunternehmungen die Wiederentdeckung der Kanarischen Inseln seit der Antike zur Folge hatten – die Namensgebung der Insel Lanzarote (nach dem genuesischen Entdecker Lancelotto benannt) ist der sinnhafte Ausdruck für diesen Tatbestand – und gemeinsame genuesisch-portugiesische Flottenunternehmungen keine Seltenheit waren. In Lissabon etablierte sich eine genuesische ‹Kolonie›. Auch Christoph Columbus sollte von der Möglichkeit Gebrauch machen, von hier aus in Portugal aktiv zu werden. «Der genuesische Kolonialismus lief im Westen unter portugiesischer Flagge weiter. Das schmälerte die Einkünfte der Seerepublik nicht, die sich mehr und mehr auf ihre Funktion im Bankgeschäft zurückzog. Mit Portugal war die erste europäische Fürstenmacht kolonial-expansionistisch aktiv geworden. Andere sollten folgen und dabei die Führung übernehmen.»[54]

Im westlichen Mittelmeer war Genua also erfolgreicher. Hier waren die Könige von Aragon und Kastilien auf die genuesischen Flotten – auch für Militäroperationen – angewiesen. Genua hatte auch großen Anteil an der wirtschaftlichen Erschließung der Insel Madeira und der Inselgruppe der Azoren. Darüber hinaus betrieb die Handelsrepublik seit dem Ende des 13. Jahrhunderts durch Verträge geregelten Handel mit dem Emirat (‹Königreich›) Granada, der lange Zeit intensiv gewesen ist, wie der letzte, mit dem Emirat im Jahre 1478 abgeschlossene Friedens- und Freundschaftsvertrag zeigt. Der wichtigste Hafen des Emirats war Málaga. Er lag am Kreuzungspunkt auf der Route vom westlichen Mittelmeer in den Atlantik nach England und in die Niederlande (Brügge) sowie an der Nordsüdroute nach Afrika. Von hier aus exportierte das Emirat Granada Luxusgüter wie Seide und Massengüter wie Zucker gegen afrikanisches Gold und Getreide. Málaga konnte die portugiesische Konkurrenz im Handel mit Afrika seit der Eroberung von Çeuta im Jahre 1415 lange Zeit ausgleichen, auch deshalb war es für Genua eine wichtige Zwischenhandelsstation.

Es ist bekannt, daß die Entwicklung auf der Iberischen Halbinsel das gesamte Mittelalter hindurch von der Wechselwirkung zwischen ‹Convivencia›, d. h. dem Zusammenleben zwischen Christen und Muslimen und der Rückeroberung muslimischer Gebiete durch christliche Herrscher geprägt war; die ‹Reconquista› wurde religiös motiviert und war in die Kreuzzugsbewegung einbezogen. Wie sehr die Kreuzzugsideologie im Rahmen ‹expansionistischer Unternehmungen› Verwendung fand, könnte anhand vieler Beispiele aufgezeigt werden. Im vorliegenden Kontext sind das portugiesische Beispiel von 1415 und dessen Folgewirkungen zu nennen. Die Eroberung des Gibraltar gegenüberliegenden nordafrikanischen Gebiets um Çeuta ist nicht das letzte, wohl aber ein eindrucksvolles spätes Zeugnis dieser Art. Damit vergleichbar ist im 16. Jahrhundert der Tunisfeldzug Kaiser Karls V. von 1535. Das Unternehmen von 1415 wurde mit dem Papst vorbereitet und als Kreuzzug geführt. Nicht zufällig brach das Heer am 25. Juli, dem Fest des Apostels Jakobus, des ‹matamoros› auf. Çeuta wurde zum Bistum erhoben, dem Erzbischof von Braga in Portugal unterstellt und umfaßte das afrikanische Königreich Fez. Der in Çeuta gemeinsam mit seinen beiden Brüdern Duarte und Pedro zum Ritter geschlagene Infant Heinrich wurde Großmeister des der Tradition der Kreuzzugsbewegung verpflichteten Christusordens, dessen Einkünfte für die portugiesischen Afrikafahrten eingesetzt wurden. Die wirtschaftlichen Interessen waren starke Motive für die weitere Expansion, die durch den Missionsgedanken legitimiert wurde.

Christoph Columbus und Genua: Die Aufstiegschancen eines genuesischen Bürgers

Von den Möglichkeiten Genuas ausgehend, kann angenommen werden, daß Columbus als Schiffsjunge zur See fuhr, beispielsweise auf kleineren Handelsschiffen, und dort seine ersten Erfahrungen als Seemann machte, etwa mit zwanzig Jahren. Im Jahre 1492 hat Columbus selbst gesagt, daß er jetzt 23 Jahre zur See fahre. Im Bordbuch seiner ersten Reise vermerkte er am 21. Dezember 1492 im Kontext der hervorragenden natürlichen Häfen der Karibik im Vergleich mit Europa und Afrika seine eigenen Erfahrungen: «Dreiundzwanzig Jahre hindurch habe ich das Meer befahren, ohne mich jemals für längere Zeit davon zu entfernen, und habe so den ganzen Osten und Westen kennengelernt. Ich kam auch in die nördlichen Gewässer bis nach England, dann nach Guinea; doch nirgends war es mir gegeben, so schöne Häfen [...] jeder stets besser als die anderen [...] zu fin-

Ansicht von Genua vom Meer aus, 1481. Auffällig ist die Hafenbucht mit zwei Hafentürmen und einer großen Flotte mit verschiedenen Schiffstypen.

den.»[55] Eigenen Angaben zufolge war Columbus auf der damals genuesischen Insel Chios in der griechischen Ägäis gewesen; sie lieferte das begehrte und hohe Gewinne abwerfende Mastix, das für medizinische Zwecke und zur Herstellung von Lacken in Europa, aber beispielsweise auch in Ägypten Verwendung fand. Daneben wurde in Chios Alaun gewonnen und exportiert.

Chios war im Rahmen der genuesischen Besitzungen im östlichen Mittelmeer und im Schwarzen Meer von zentraler Bedeutung. Erst ab 1346 war die Insel endgültig in genuesischem Besitz und wurde von genuesischen Familien im Namen der Republik verwaltet, von hier aus wurde der Handel mit Kleinasien und Persien, dem Gebiet um das Kaspische Meer und den Balkanländern organisiert; es ging um asiatische Luxusgüter wie Seide und Gewürze sowie um Früchte und Textilien aus den Balkanländern, die über Saloniki gehandelt wurden. Chios wurde um so wichtiger, als die osmanische Expansion die genuesischen Stützpunkte im Schwarzen Meer wie Kaffa oder Tana am Don, dem Ausgangspunkt für Karawanen nach Zentralasien, seit dem 15. Jahrhundert massiv bedrohte. Die Insel, die bis in die zweite Hälfte des 15. Jahrhunderts im Besitz Genuas blieb, war auch im Rahmen der venezianischen Konkurrenz von großer Bedeutung. Auch wenn Genua am Besitz der Insel Zypern – wichtig als Getreideproduzent – neben Venedig bis 1489 partizipieren konnte, war die adriatische Seerepublik im östlichen Mittelmeer in einer vergleichsweise stärkeren Position, obwohl auch sie zunehmend unter osmanischen Druck geriet. Der Besitz der Inseln Kreta sowie Korfu und Venedigs führende Position im Handel mit Ägypten über Alexandria machen diese Situation deutlich.

Die schlechte Dokumentation der frühen Jahre vor Columbus' Aufenthalt in Portugal gaben immer schon Anlaß für eine Reihe von Spekulationen, so etwa, daß er sich als Sohn eines verarmten Wollwebers als Korsar verdingt habe – eigentlich eine gefährliche Betätigung für einen genuesischen Bürger. Den Ausgangspunkt bietet ein auf Columbus selbst zurückgehender Bericht über einen Vorfall aus dem Jahre 1495, der zeigen sollte, wie leicht man sich auf offenem Meer über den eingeschlagenen Kurs täuschen konnte. Columbus hatte nämlich die Kompaßnadel geändert, um die Mannschaft über den Kurs zu täuschen – eine seefahrerische Episode. Diesen Bericht hat Fernando Columbus in der ‹Historie› seines Vaters wiedergegeben. Auch Las Casas hat ihn eigenen Aussagen zufolge gekannt. Es ist jedoch Skepsis angebracht, denn nach diesem Bericht wäre Columbus mit etwa 20 Jahren schon Kapitän eines Schiffes gewesen, das sich einer aragonesischen Galeasse bemächtigen sollte. Im Hinblick auf die Biographie des Entdeckers ist dies allerdings unvorstellbar. Insgesamt wird aber durchaus deutlich, daß Columbus zunächst im östlichen Handelsbereich Genuas tätig war, später jedoch, den Veränderungen seiner Zeit entsprechend, seine Chancen im westlichen Mittelmeer und vor allem in Portugal wahrnahm. Anders ausgedrückt, korrespondierten seine handelspolitischen Ambitionen – bewußt oder unbewußt – mit dem zeitgenössischen Trend, der von der zunehmenden Westorientierung Genuas geprägt war.

Das Osmanische Reich als neue Weltmacht

Mitte des 15. Jahrhunderts trat in den Beziehungen Europas zur muslimischen Welt eine entscheidende Veränderung von weitreichender Bedeutung ein, als am 29. Mai 1453 Konstantinopel/Istanbul, die Hauptstadt des Byzantinisch-Oströmischen Reiches, nach fast zweimonatiger Belagerung vom osmanischen Heer unter Sultan Mehmed II. erobert wurde. Kaiser Konstantin XII. fiel im Kampf. Dieses Ereignis steht am Ende jener Entwicklung des Osmanischen Reiches, die mit dem Übersetzen der Osmanen nach Gallipoli im Jahre 1354 begonnen hatte und im Jahre 1361 die Besetzung von Edirne (Adrianopel) zur Folge hatte, das dann die zweite

Reichshauptstadt neben dem asiatischen Bursa (Brussa) war. In den folgenden Jahren entwickelte sich Bulgarien zum osmanischen Vasallenstaat. 1389 erlitt Serbien auf dem Amselfeld im Kosovo eine vernichtende Niederlage; 1396 wurde ein Kreuzfahrerheer unter König Sigmund von Ungarn bei Nikopolis an der Donau geschlagen; 1430 eroberten die Osmanen Saloniki/Thessaloniki; 1444 erlitten Kreuzfahrerheere unter Johann Hunyadi bei Varna eine Niederlage. Daß Sultan Mehmed II. im eroberten Konstantinopel seine neue Residenz errichtete, war nur konsequent, ebenso der Versuch, den europäischen Besitzstand des Osmanischen Reiches zu erweitern. Die Belagerung von Belgrad im Jahre 1456 war zwar erfolglos, doch wurde das übrige Serbien, das bis dahin ein Vasallenstaat gewesen war, eine osmanische Provinz. In den folgenden Jahren wurden die Kleinfürstentümer in Griechenland und vor allem Morea erobert, 1463 Zentral- und Ostbosnien, wenig später die Herzegowina; 1470 kamen das venezianische Negroponte auf Euböa, 1478 fast ganz Albanien dazu. Nach der Besetzung der Inseln Kephallenia und Zakynthos/Zante landete die osmanische Flotte 1480 an der Küste Italiens bei Otranto. Im gleichen Jahr erfolgte der bis dahin weiteste Vorstoß auf dem europäischen Festland, als osmanische Streifscharen über Krain und Kärnten bis in die Steiermark vordrangen. All diese Unternehmungen führten den christlichen Staaten Europas die vom Osmanischen Reich ausgehende ständige Gefährdung vor Augen. Für Columbus bot diese dauerhafte Bedrohung der europäischen Staatenwelt später den Anlaß, den kastilischen Königen die Perspektive einer Rückeroberung Jerusalems, vielleicht auch Konstantinopels, zu eröffnen. Jedenfalls vermerkt er im Bordbuch seiner ersten Fahrt, daß seine in ‹La Navidad› auf Hispaniola zurückgelassenen Leute zum Zeitpunkt seiner Rückkehr ein ganzes Faß Gold gefunden haben werden. Deshalb schlägt er den Königen vor, «daß der ganze sich aus meinem Unternehmen ergebende Gewinn zur Wiedereroberung Jerusalems verwendet werden müsse».[56]

Nun hatten einzelne europäische Staaten seit dem Fall Konstantinopels Initiativen zur Abwehr der osmanischen Expansion verfolgt, das gilt insbesondere für Burgund, Portugal, Venedig, Genua und Rom. Das Papsttum versuchte die europäischen Staaten mit Kreuzzugsparolen für gemeinsame Aktionen zu motivieren, vor allem aber die italienischen Staaten zu einem Defensivbündnis zu bewegen. Papst Calixt III. bereitete im Jahre 1456 den ersten ‹Türkenkreuzzug› vor; er rüstete dafür sogar eine päpstliche Flotte aus. Sein Nachfolger Pius II. folgte ihm in diesen Bemühungen und beriet mit den italienischen Fürsten im Jahre 1459 in Mantua über einen Kreuzzug, wobei die Gespräche jedoch ohne greifbare Ergebnisse blieben, obwohl Bosnien und Argos von den Osmanen erobert worden waren. Erst nach dem Regierungsantritt des Dogen Cristoforo Moro wurde die Republik Venedig aktiv, so daß 1463 ein Bündnis zwischen dem Papst, Venedig und dem Herzog von Burgund zustande kam. Noch kurz vor seinem Tod war Papst Pius II. entschlossen, eine Kreuzzugsflotte unter venezianischer Beteiligung zu organisieren, doch kam es nicht dazu, weil der Papst starb. Auch Papst Paul II. verfolgte die Idee eines gemeinsamen Unternehmens gegen die Osmanen, doch hatte er dauernd mit Widerständen im Kirchenstaat zu kämpfen. Im Krieg gegen das Osmanische Reich in den Jahren 1472 und 1479 wurde Venedig zeitweilig durch päpstliche und neapolitanische Galeeren unterstützt. So konnte 1474 Skutari geschützt werden, und die mit Hilfe von Sixtus IV. entsandte Kreuzzugsflotte konnte vorübergehend Smyrna einnehmen. Aufgrund der inneren Gegensätze der italienischen Mächte sah sich Venedig 1479 allerdings zum Frieden gezwungen und mußte auf Argos, Negroponte, Lemnos, Skutari und fast alle albanischen Besitzungen verzichten. Eine gewisse Entschädigung für diese Verluste fand die Markus-Republik in Zypern, das 1489 in venezianischen Besitz überging. Ein im Jahre 1490 von Papst Innozenz VIII. nach Rom einberufener ‹Türkenzugskongreß› blieb erfolglos; er brachte einerseits die

Schwäche der kurialen Diplomatie, andererseits die mangelnde Solidarität der italienischen Mächte und die geringe Abwehrbereitschaft im Heiligen Römischen Reich sowie in Ungarn und Polen zum Ausdruck.

In Asien konnte Sultan Mehmed II. die Grenzen seines Reiches erweitern. Nach dem Fall des genuesischen Stützpunktes Amastris (heute Amasra) 1460 erstreckte sich das Osmanische Reich über die gesamte Südküste des Schwarzen Meeres. 1475 nahm eine osmanische Flotte den letzten genuesischen Handelsplatz am Schwarzen Meer, die reiche Stadt Kaffa (türkisch Keffe, heute Feodosia) an der Südküste der Halbinsel Krim, ein. Kaffa wurde nun Sitz eines osmanischen Paschas. Gleichzeitig trat der tatarische Khan der Krim, dessen Reich nicht nur die Steppengebiete der Krim, sondern auch Gebiete der südlichen Ukraine und nördlich des Kaukasus umfaßte, in ein Vasallenverhältnis zum Sultan. In Anatolien hatte Mehmed II. schon im Jahre 1466 mit der Einnahme der Stadt Konya, der Residenz der turkmenischen Dynastie der Karamanier, die osmanische Herrschaft arrondieren können. Es war naheliegend, daß Sultan Mehmed II. die Einnahme Konstantinopels den Beinamen ‹der Eroberer› eintrug. Außerdem schuf er eine Kriegsflotte, die in der Zukunft einen ernstzunehmenden Bedrohungsfaktor für das östliche und westliche Mittelmeer darstellen sollte. In der Tat verhalf Mehmed II. dem Osmanischen Reich zum Status einer Groß- und Weltmacht.

Unter Mehmeds II. Nachfolger, seinem ältesten Sohn Bayazit II., nahmen die militärischen Aktivitäten ab. Wohl wurden im Jahre 1484 in Bessarabien die Städte Kilia nördlich der Donaumündung und Akkerman vor der Mündung des Dnjestr erobert, und im Seekrieg gegen die Venezianer kam es im Jahre 1499 zum Seesieg vor Lepanto, so daß die Republik im Friedensschluß von 1502 dem Osmanischen Reich eine Reihe fester Plätze auf der Peloponnes überlassen mußte. Doch stieß das Osmanische Reich in Ostanatolien zunächst an seine Grenzen. Hinzu kam, daß seit 1499 in Persien das Geschlecht der Safawiden, das sich den Titel Schah zulegte, in wenigen Jahren ein Reich errichtete, das Persien bzw. den Iran und Aserbeidschan umfaßte. Dabei wurde sichtbar, was für die bedrohten europäischen Staaten von Interesse war: der Gegensatz des Osmanischen Reiches zu Persien, der jederzeit zum militärischen Konflikt und damit zur Entlastung Europas von osmanischen Angriffen führen konnte, denn ein Zweifrontenkrieg war auch für das gut organisierte und gerüstete Osmanische Reich nur schwer durchzustehen. Es war allerdings die Frage, ob diese Konstellation auf europäischer Seite tatsächlich und vor allem auf Dauer genutzt werden konnte, zumal allein das Unterhalten regelmäßiger politisch-diplomatischer Beziehungen sehr mühsam war. Jedenfalls konnte sie auf der alten Idee einer Bekämpfung der Muslime von Asien aus aufbauen, die das gesamte Mittelalter über im Gespräch blieb und Marco Polo und damit auch Columbus bekannt war.

Fünftes Kapitel

Afrika als erstes Objekt der maritimen Expansion Europas: Die Initiativen der portugiesischen Krone

Afrika – terra incognita?

Afrika scheint im weltgeschichtlichen Vergleich immer zu kurz zu kommen, ganz im Gegensatz zu Europa, aber auch zu Asien und Amerika. Dies gilt für die Vergangenheit wie für die Gegenwart. Hängt es damit zusammen, daß der afrikanische Kontinent, im Vergleich zu anderen Weltregionen, kaum die Bildung von Großreichen aufzuweisen hatte? Oder hat es mit dem Faktum von kaum vorhandenen schriftlichen Überlieferungen bzw. mit dem Mangel an Schriftkulturen und dem Überwiegen der oralen Tradition zu tun? Mit der naturlandschaftlichen Beschaffenheit Afrikas allein kann dies wohl kaum begründet werden, wie Pierre Bertraux meint: «Der afrikanische Kontinent ist vor der Neugierde und dem Eindringen der Fremden durch eine riesige Wüste und zwei Ozeane gut geschützt. Seine Küsten sind unwirtlich. Hier erinnert nichts an die stark gegliederten Küsten des Ägäischen Meeres, die sich dem Verkehr, dem Austausch und somit der Kultur geradezu anbieten. Die afrikanischen Flüsse sind nicht schiffbar, da ihre Mündungen mit Sandbänken und ihre Läufe mit Stromschnellen durchsetzt sind.»[57]

Gewiß brachte die Ausbreitung des Islam ebenso eine einschneidende Veränderung mit sich wie die Kontaktaufnahme der Europäer. Jedenfalls ist es nicht überraschend, daß die ersten Einblicke in afrikanische Gesellschaften von arabischen Reisenden und Geschichtsschreibern aufgezeichnet wurden. Allerdings aber auch nur dort, wo ein Einfluß der muslimischen Welt gegeben war. Das zeigt sich an einigen charakteristischen Beispielen: Ghana, seit dem 9. Jahrhundert ein Reich, das Land des Goldes jenseits der Sahara, war arabischen Reisenden durch den transsaharischen Handel bekannt geworden. So beschrieb Ibn Haukal im Jahre

977 Audoghast, die Stadt in der Sahara, die er vielleicht aus eigener Anschauung kannte: Von dort seien es nur einige Tagreisen zum König von Ghana, den er wegen seiner Goldgruben den reichsten König der Erde nennt und der vom König von Audoghast Salz gegen Gold eintausche. Für die späteren Jahrhunderte sind u. a. El Edrisi, der um 1154 schrieb, und der weitgereiste Ibn Battuta zu nennen. Schließlich rundet Giovanni Leoni, besser bekannt unter dem Namen Leo Africanus, im frühen 16. Jahrhundert die Reihe arabischer Reisender ab. Im Jahre 1518 war er beim Aufbringen eines arabischen Schiffes, das nach Tunis unterwegs war, durch christliche Piraten etwa im Alter von 25 Jahren in Gefangenschaft geraten, an den Hof von Papst Leo X. gebracht worden; dort bekehrte sich der gebildete, aus Marokko stammende junge Mann zum Christentum und lebte fortan in Italien. Er verfaßte eine Beschreibung Afrikas, die er zwar um 1526 vollendete, welche aber erst 40 Jahre später in Venedig veröffentlicht werden sollte.

Die Beziehungen Süd- und Südwesteuropas mit Afrika waren seit dem Mittelalter nur über den arabischen Zwischenhandel gegeben. Erst nach der Eroberung Çeutas im Jahre 1415 durch Portugal begann sich diese Situation qualitativ zu verändern. Dabei entfaltete sich die portugiesische Expansion in drei Richtungen. Die erste hatte die atlantischen Inseln zum Ziel, die zweite verstand sich als Fortsetzung der Eroberungspolitik auf dem afrikanischen Kontinent und die dritte und langwierigste bestand in Erforschung und Ausbeutung der afrikanischen Küsten. Die erste Expansionsrichtung wird an anderer Stelle genauer zu erörtern sein. Das zweite Ziel hatte den Krieg gegen Marokko wenige Jahre nach der Umschiffung des Kap Bojador im Jahre 1434 zur Folge. Im Hinblick auf den Handel mit Afrika gewann Portugal Vorteile gegenüber Kastilien und Aragon. Darauf wird im einzelnen noch einzugehen sein, denn der ‹Sprung nach Afrika› lag Kastilien eigentlich näher als Portugal, das Afrika zum nachhaltigen Objekt der europäischen Expansion machte. Grundsätzlich gilt wohl das Faktum, daß die spätmittelalterlich-frühneuzeitliche Expansion Europas nach Asien und Amerika ohne jene nach Afrika und die damit verbundenen Erfahrungen nicht vorstellbar erscheint. Es ist deshalb kein Zufall, daß auch Columbus sich an Portugals ‹Afrikakompetenz› orientierte und an den westafrikanischen Küsten selbst Erfahrungen sammelte, von denen er später immer wieder Gebrauch machte. Die wenigen überlieferten Aussagen vermitteln sogar den Eindruck, daß ihm Afrika später bei der Beurteilung und Einschätzung der neuen Erfahrungen, die er in der Karibik machte, zum Maßstab wurde.

Sucht man nach afrikanischen ‹Großreichen›, so finden sich in älterer Zeit zwei dieses Typs – Ghana und Mali/Melli. Sie sind vor allem deshalb von Bedeutung, weil sie auf seiten der Araber als reiche Länder sowie interessante Handelspartner galten und auch in den Mittelmeerländern Beachtung fanden. Ghana, Mali, aber auch Songhai und Kanem lagen am Südende der transsaharischen Karawanenstraßen. Das Reich Ghana war das älteste und berühmteste dieser Art, das an der Südgrenze der westlichen Sahara gelegen war und als ein Teil des Landes der Schwarzen, des ‹Bled es Sudan› galt, wie es die Araber nannten. Ghana war ein bedeutender Salzmarkt, wo Salz gegen Getreide, vor allem Hirse, aber auch gegen Gold und Sklaven eingetauscht wurde. Dabei kam das Gold Ghanas aus einem südlich angrenzenden Gebiet, dem legendären Bambuk, das wohl am oberen Flußlauf des Faleme gelegen war. Hier kauften die ghanesischen Kaufleute in einer Art des ‹stummen› oder ‹stillen Handels› Goldstaub, eine Kuriosität, über die arabische Reisende als erste berichteten und die sich noch lange in den kosmographischen Werken Europas im 16. Jahrhundert findet. Es ging um den Tausch von Salz gegen Gold, der ohne persönliche Kontaktnahme erfolgte. Es war der Goldreichtum des Herrschers von Ghana, der sowohl in Europa als auch in der islamischen Welt größte Aufmerksamkeit erregte und deutlich macht, daß dieses Edelmetall den Inbegriff des Reichtums darstellte – wie konnte man nur Salz gegen Gold eintauschen!

Das Wesentliche für Araber und Europäer war jedenfalls die Tatsache, daß das Reich Ghana vor der Entdeckung Amerikas der Hauptgoldlieferant der Mittelmeerländer gewesen ist. Das Lob arabischer Reisender macht dies überaus deutlich. So schrieb Ibn Haukal, der Westafrika bereiste, um 977: «Der König von Ghana ist der reichste König der Erde.»[58] Ein Jahrhundert später schrieb El Bekri, der Afrika aus eigener Anschauung allerdings nicht kannte, die Häuser in der Hauptstadt Ghanas seien aus Stein gebaut, und ein Stadtviertel mit Gärten und zwölf Moscheen werde nur von mohammedanischen Gelehrten und Kaufleuten bewohnt. Der königliche Palast sei mit Glasfenstern ausgestattet. Der König habe praktisch das Monopol über den Außenhandel inne und verfüge über Beamte für Verwaltung und Steuereinhebung. Vor allem gäbe es Gold im Überfluß. Allerdings würde Ghana von den Berbern die Kontrolle der transsaharischen Karawanenstraße von Marokko über Sidjilmasa und Audoghast nach Ghana oft streitig gemacht. Im Jahre 1076 wurde das Ghana-Reich von den Almoraviden, der aufsteigenden Dynastie im Maghreb, die sich wenig später auf der Iberischen Halbinsel etablieren sollte, zerstört.

Im goldreichen Mandeland, am Nordrand des Futa Djalon-Gebirges, entstand am Beginn des 11. Jahrhunderts das Reich Mali. Sein erster bedeutender Fürst, Keita, stand in Beziehungen zu den Almoraviden, bekehrte sich zum Islam und machte im Jahre 1050 eine Wallfahrt nach Mekka, um dort den Titel eines Sultans zu erhalten. Dies berichtet jedenfalls der arabische Geschichtsschreiber Ibn Khaldun. Über den muslimischen Bereich hinaus wurde das Mali-Reich erst im 14. Jahrhundert, unter den Herrschern Abubakari II. und dessen Sohn Kankan Mussa, auch Mansa Mussa genannt (1312–1337), bekannt. Abubakari II. soll in den Jahren zwischen 1310 und 1312 eine Schiffsexpedition zur Erkundung des Atlantiks angeordnet haben: 200 Boote hätten den Auftrag erhalten, nach Westen zu segeln und erst dann zurückzukehren, wenn sie das andere Ufer des Ozeans erreicht hätten. Das klingt nach einer Erstentdeckung Amerikas, es scheint aber eher ein Beweis für die Wichtigkeit dieser Frage als für das Faktum einer solchen Expedition zu sein.

Mansa Mussa erlangte durch die Erzählungen Ibn Battutas (gest. 1377) und Ibn Khalduns (gest. 1406) Berühmtheit. Er wird als einer der glänzendsten schwarzen Herrscher geschildert – intelligent und tatkräftig. Nach Ibn Battuta gingen jedes Jahr Karawanen mit 12 000 Kamelen von Mali nach Kairo hin und wieder zurück. Im Jahre 1324 machte Mansa Mussa eine denkwürdige Wallfahrt nach Mekka. In Kairo fiel diese prunkvolle Reise den Venezianern auf, deren Berichte in die Darstellung des Melli-Reiches in dem aus dem Jahre 1375 stammenden sogenannten Katalanischen Weltatlas eingegangen sein dürften. Zweifellos förderte Mansa Mussas Wallfahrt den Kontakt mit der arabischen Welt. Er ließ auch Timbuktu neu aufbauen; ferner Moscheen, Minarette und Lehmpaläste errichten. Seit seiner legendären Mekka-Pilgerreise war Mansa Mussa auch den Venezianern und damit den Europäern als sagenhaft reicher Herrscher Afrikas bekannt. Ibn Battuta fand ein reiches Land vor, dessen große Zeit Mitte des 14. Jahrhunderts zu Ende ging. Danach wurde das Mali-Reich unter schwachen Herrschern im Süden durch die Mossi und im Norden durch die Tuareg bedroht, die im Jahre 1435 bis nach Timbuktu vordrangen. Erst im Jahre 1481 schickte Mandi Mansa Mamadu zu den in Gambia ansässigen Portugiesen einen Gesandten, um sie um Unterstützung gegen das Songhai-Reich zu bitten. König Johann II. von Portugal wiederum sandte an ihn zwei Gesandtschaften, eine von Gambia, die andere von São Jorge da Mina an der Goldküste aus. Noch zu Beginn des 16. Jahrhunderts behauptete Leo Africanus, daß es in der Hauptstadt Malis 6000 Häuser gäbe, dazu Getreide, Baumwolle und Vieh im Überfluß.

Parallel zum Machtschwund des Mali-Reiches gewann

das Songhai-Reich an Bedeutung. Der Aufstieg kam in der Plünderung der Hauptstadt von Mali im Jahre 1400 zum Ausdruck. Über ein halbes Jahrhundert später war es Sonni Ali, auch Ali Ber oder Ali der Große genannt, dem es in den Jahren zwischen 1468 und 1492 gelang, ein großes Reich zwischen Segu am Niger und Dahome zu organisieren. Schon 1468 hatte er Timbuktu eingenommen, länger dauerte die Unterwerfung der Stadt Djenne. Im Jahre 1497, gegen Ende seiner Herrschaft, unternahm er eine Pilgerreise nach Mekka, begleitet von 1500 Soldaten und einigen Gelehrten, auch soll er 300 000 Goldstücke mit sich geführt haben. In Mekka wurde ihm der Titel eines Kalifen verliehen, was seine Herrschaftsposition noch weiter stärkte. Seine militärischen Erfolge waren jedenfalls legendär und wurden auch auf portugiesischer Seite wahrgenommen, indem König Johann II. eine Gesandtschaft zum Songhai-Herrscher entsandte. Das weniger mächtige Benin-Reich, das wohl bis ins 12. Jahrhundert zurückreicht, aber nie eine große Ausdehnung hatte, erlangte seine Berühmtheit aus einem speziellen Grund, nämlich wegen seiner Bronzereliefs und Bronzeplastiken, die durch ein seltenes Gußverfahren, ‹den Guß der verlorenen Form›, hergestellt wurden. Der Kontakt der Portugiesen mit dem Herrscher Okpame im Jahre 1484 findet eine Bestätigung durch Bronzeplastiken, die zweifellos die ersten Portugiesen verkörpern, die das Benin-Reich kennenlernten.

Im Osten Afrikas wurde Äthiopien seit dem Jahre 1270 von einer aus der alten axumitischen Aristokratie hervorgegangenen Dynastie regiert, die sich auf König Salomon und die Königin von Saba zurückführte. Dieser Dynastiewechsel ging auch als ‹salomonische Restauration› in die Geschichte ein. Der erste Kaiser des neuen Herrschergeschlechts, Yenuko Amlak, verlegte die Hauptstadt nach Ankober in der gebirgigen Schoaprovinz, auch wenn der Hof nicht an einem Ort blieb, sondern herumreiste. Einige der unterworfenen Ethnien waren islamisch, so die an der Somaliküste gelegenen Sultanate; sie trieben Handel mit Arabien und dem Orient. Der äthiopische Herrscher verfügte über eine große Streitmacht – angeblich in einer Stärke bis zu 300 000 Mann. Das Oberhaupt des zahlreichen äthiopischen Klerus, der Abuna oder Metropolit, wurde durch den Patriarchen von Alexandria unter den Mönchen Ägyptens ausgewählt. Militärische Stärke und kirchliche Verbindung ließen Äthiopien für die europäischen Staaten überaus interessant erscheinen. Die kirchlichen Kontakte kamen etwa dadurch zum Ausdruck, daß eine Delegation der äthiopischen Kirche im Jahre 1439 am Konzil von Florenz teilnahm. Auch mit König Alfons V. von Portugal nahm der Herrscher Äthiopiens Kontakt auf. So war es naheliegend, daß seitens der Europäer die Legende des ‹Erzpriesters Johannes› gegen Ende des 15. Jahrhunderts auf den Herrscher von Äthiopien übertragen wurde. Im Jahre 1487 entsandte der portugiesische König Johann II. Affonso de Payva und Pero da Covilhã, um den ‹Erzpriester Johannes› aufzusuchen. Darauf wird noch zurückzukommen sein.

Die ostafrikanische Küste, arabisch ‹Sandsch›, ‹das Land der Schwarzen›, spielte für den arabischen Handel offenbar seit dem 9. Jahrhundert eine Rolle, vor allem was den Einkauf von Eisen in der Gegend von Sofala betrifft, das von arabischen Kaufleuten nach Indien gebracht wurde. Der in Bagdad geborene El Masudi berichtete Mitte des 10. Jahrhunderts über den Sandsch und beschreibt ‹Sofala die Goldene›, d. h. jene Stadt, die der Ausfuhrhafen der wertvollen Metalle des sagenhaften Monomotapareiches war, das nicht selten mit dem antiken Goldland Ophir gleichgesetzt wurde und noch in den Ausgaben der Kosmographie von Sebastian Münster seit 1544 regelmäßig zu finden ist, von dem die Portugiesen Ende des 15. Jahrhunderts in Sofala erfuhren. Auch Elefanten- und Nashornelfenbein, grauer Bernstein, Leopardenfelle, Eisen und Sklaven wurden in Sofala verkauft. Die Technik der Eisengewinnung und -verarbeitung muß damals hoch entwickelt gewesen sein, und es ist wahr-

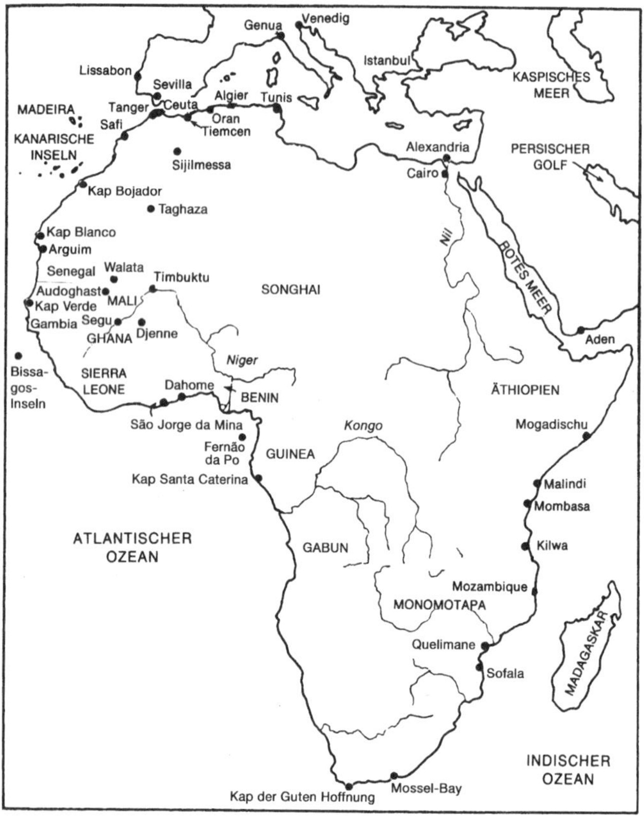

Afrika im 15. Jahrhundert

scheinlich, daß das ostafrikanische Eisen damals als Rohmaterial zur Herstellung der Damaszener Klingen diente. Die Wichtigkeit Ostafrikas für die arabischen Kaufleute kommt auch dadurch zum Ausdruck, daß der aus Andalusien stammende El Edrisi im Jahre 1154 im Auftrag des normannischen Königs in Sizilien die arabischen Kenntnisse über die ostafrikanische Küste zusammentrug. Dabei stand der Eisenhandel im Mittelpunkt seiner Ausführungen. Er erwähnte auch die daran beteiligten Städte Malindi und das zwei Tagesreisen südlich davon gelegene Manisa (das heutige Mombasa). Über zwei Jahrhunderte später erwähnte Ibn Battuta eine weitere wichtige Stadt – Zeila – am Eingang zum Roten Meer. Mogadischu galt als Stadt, wo wertvolle Stoffe hergestellt wurden und wo sich arabische Händler angesiedelt hatten, die sich nicht nur dem Handel widmeten, sondern auch in die einheimische Gesellschaft einheirateten. Die Stadt Kilwa wurde zum Ausgangspunkt weiterer Handelsniederlassungen an der ostafrikanischen Küste. Ibn Battuta äußerte sich sehr positiv über diese Stadt.

Der Handel mit Indien sicherte der Küste Ostafrikas lange Zeit einen gewissen Wohlstand. Wie groß die Bedeutung des ‹Sandsch› war, zeigt auch die Präsenz chinesischer Kaufleute seit dem 12. Jahrhundert. Die Chinesen löschten ihre Ladungen im allgemeinen in arabischen Häfen; von hier aus gingen die Waren auf arabischen Schiffen nach Ostafrika weiter, vice versa war es auch so – mit einer Ausnahme, als nämlich die im Jahre 1415 nach China geschickten Gesandten von Malindi aus China zurückkehrten, und zwar auf der Flotte von Zheng He, von der weiter oben die Rede war. Dies war zugleich der Höhepunkt der weitreichenden Handelsbeziehungen; danach reduzierte der chinesische Kaiser den Handel mit Afrika, der gegen Ende des 15. Jahrhunderts offenbar zum Erliegen kam.

Die unendliche Geschichte› der portugiesischen Afrikafahrten und Atlantikerfahrungen seit 1415

Als Christoph Columbus Ende der 1470er Jahre nach Lissabon kam, hatten die Seefahrer, die im Auftrag der portugiesischen Könige die Küsten Afrikas erforschten und ständige Handelsbeziehungen einrichteten, schon die Küste Guineas erreicht. Dabei hatte alles wesentlich früher begonnen. Die Beschäftigung von Columbus mit den Klimaregionen der Erde anhand der theoretischen Literatur der Antike und seiner eigenen Zeit führte ihn u. a. zur allgemeinen Frage nach der Bewohnbarkeit der heißen Zonen der Erde, und damit auch zu Afrika, über dessen fortschreitende Umfahrung er sich in Portugal aus erster Hand informieren konnte. Pierre d'Aillys ‹Ymago mundi› bot Columbus viel Stoff zum Studium allgemeiner geographischer und astronomischer Fragen. Anhand der Randnotizen des Entdeckers wird dessen großes Interesse für die Einteilung der Erde nach Breiten- und Längengraden sowie nach Klimazonen, vor allem unter den Gesichtspunkten der Bewohnbar- und Unbewohnbarkeit deutlich. Dabei widerspricht Columbus der antiken Auffassung der unbewohnbaren heißen Klimazone, wenn er meint, diese Zone sei nicht «unwirtlich, weil zu ihr heute die Portugiesen fahren und im Gegensatz zu dieser Auffassung eine dicht besiedelte Zone entlang des Äquators vorfanden, ebenso den Bergbau, den wir gesehen haben» – d. h. offenbar Columbus selbst –, letzteres ein Hinweis auf São Jorge da Mina an der Guineaküste.[59] Der Beweis für die Bewohnbarkeit der heißen Zonen der Erde, der sich aufgrund der Erfahrungen der portugiesischen Seefahrer ergab, muß Columbus in seinem Westfahrt-Projekt bestärkt haben.

Blickt man auf die Anfänge der portugiesischen Expansion, so wird deutlich, daß die Eroberung von Çeuta durch die Portugiesen im Jahre 1415 traditionellerweise als Beginn der portugiesischen Expansion nach Übersee (‹ultramar›) gilt. Als Ende dieser Entwicklung wird im allgemeinen das Erreichen des heutigen Indien im Jahre 1498 durch die Flotte von Vasco da Gama gesehen. Diese über acht Jahrzehnte zwischen 1415 und 1498 sind von Anfang an oft als konsequente Suche nach den Reichtümern Asiens bzw. Indiens gesehen worden. Doch fragt es sich, ob die beiden Eckpunkte – 1415 und 1498 – direkt vergleichbar sind, denn im Falle Çeutas handelte es sich um die Eroberung einer muslimischen Stadt in Nordafrika an der Meerenge von Gibraltar; Vasco da Gama hingegen erreichte mit einer Flotte, im übrigen mit Hilfe eines arabischen Lotsen, von Ostafrika aus die indische Stadt Kalikut. 1415 kann als Flottenunternehmen in der Tradition der

Kreuzfahrer und der iberischen Reconquista gesehen werden, Vasco da Gama hingegen befehligte eine Handelsflotte, die asiatische Gewürze einkaufen und durch militärische Präsenz die Sicherung des Handels gewährleisten sollte.

Die Çeuta-Expedition macht deutlich, daß sich die portugiesischen Ambitionen zunächst ganz auf Afrika konzentrierten und der Feindschaft mit den Muslimen entsprangen. Das war um so bemerkenswerter, als die Reconquista auf der Iberischen Halbinsel, d. h. der Kampf gegen die muslimische Herrschaft, im Falle Portugals schon Mitte des 13. Jahrhunderts abgeschlossen war; muslimische Gegner gab es auf der Iberischen Halbinsel nicht mehr, ausgenommen in Granada, das aber im Interessenbereich Kastiliens gelegen war. Eine portugiesische Initiative, gemeinsam gegen Granada zu ziehen, lehnte der König von Kastilien ab, der im Jahre 1411 mit der portugiesischen Krone Frieden geschlossen hatte. Das führt zur Frage der Motive für eine Flottenoperation dieser Art. Diese konnte zweifellos der ritterlich-militärischen Bewährung von drei ehrgeizigen Prinzen – Duarte, Pedro und Enrique/Heinrich – dienen. Aber dann hätte das portugiesische Heer nach einiger Zeit Çeuta wieder verlassen können. Es bestand jedoch die Absicht, den Stützpunkt an der afrikanischen Gegenküste, die auch jene Kastiliens war, zu halten. Die Konkurrenz zu Kastilien tat ihr übriges. Der nur wenig später schreibende portugiesische Chronist Gomes Eanes de Azurara nennt ein Bündel an plausiblen und glaubwürdigen Motiven: einen Stützpunkt für eine spätere Eroberung Marokkos zu errichten, vor allem Kastilien zuvorzukommen, den eigenen sowie den Handel italienischer Seefahrerrepubliken zu schützen und die muslimische Konkurrenz auszuschalten. Ferner ging es auch darum, den transsaharischen Handel zu kontrollieren, der neben Algier, Bona und Tunis in Çeuta seinen westlichsten mediterranen Endpunkt hatte.

Die entscheidende Frage war jedoch die, ob die Kontrolle über eine Küstenstadt wie Çeuta den Zugriff auf den Karawanenhandel überhaupt möglich machte, denn tatsächlich ist dieser Handel von muslimischer Seite sehr bald auf andere Küstenstädte umgeleitet worden. Wie schon ausgeführt, wurden von diesen Karawanen nicht nur Sklaven und Elfenbein aus Westafrika, sondern vor allem auch Gold in den Mittelmeerraum gebracht. Am wichtigsten muß der Versuch angesehen werden, sich über Çeuta den direkten Zugang zum afrikanischen Gold zu sichern. Wirtschaftliche und ‹währungspolitische› Gründe dürften dafür maßgebend gewesen sein, denn Portugal war am Ende des 14. Jahrhunderts – im Gegensatz zu anderen Teilen Europas – so wie Byzanz und die islamischen Länder bei der Goldwährung geblieben. Zugleich herrschte sowohl an Silber wie an Gold eine extreme Knappheit, die, neben vielen anderen Faktoren, wie etwa den negativen Folgen anhaltender Kriege, nicht zuletzt auf den defizitären Handel mit Asien zurückzuführen war, der in Europa zur Verknappung von Silber und Gold als Zahlungsmittel führen mußte. So ist im ‹Hunger nach Gold›, wie oft angemerkt, nicht nur persönliche Habgier zu sehen, sondern auch der Ausdruck allgemein wirtschaftlicher Bedürfnisse; dies gilt insbesondere für Portugal an der Wende vom 14. zum 15. Jahrhundert. Für afrikanisches Gold und andere Waren tauschten die ‹christlichen› Kaufleute aus Barcelona, Mallorca, Marseille, Genua, Pisa, Florenz und Venedig – um nur einige wichtige zu nennen – Tuche, Metallwaren oder venezianisches Glas, Gold und andere Produkte ein. Der Handel blieb auch in konflikthaften Zeiten intakt, war allerdings von den afrikanischen Zwischenhändlern abhängig. Erst um 1470 gelang es dem Florentiner Handelshaus Portinari, in Timbuktu eine Niederlassung zu gründen. Es steht außer Frage, daß Portugal mit der Eroberung von Çeuta alte Handelswege der christlichen Kaufleute des Mittelmeeres zumindest kurzfristig zerstörte, ehe sich der Handel auf andere Küstenstädte des Mittelmeeres konzentrierte.

In der Tat wurde die portugiesische Politik, die auf die Erwartungen von Çeuta setzte, bald relativiert, sie war, wenigstens partiell, gescheitert. In der Tat brachte der alleinige Besitz von Çeuta für die Krone Portugals relativ wenig, so waren weitere Erwerbungen fast unvermeidlich, wollte man bei der 1415 eingeschlagenen Expansionspolitik bleiben. Und darin lag ein Problem, das auf portugiesischer Seite nicht gelöst werden konnte. So scheiterte 1437 ein Versuch, Tanger zu erobern, erst 1471 konnte es wie Safi eingenommen werden.

Die Fragen der portugiesischen Expansion des 15. Jahrhunderts führen zu einer der wichtigsten Persönlichkeiten der portugiesischen Überseegeschichte, zu Infant Heinrich, genannt ‹der Seefahrer› – der im übrigen nur ein Mal zur See gefahren ist, nämlich während der Expedition nach Çeuta im Jahre 1415 als 22jähriger Mann. Das war gewiß keine unwichtige Episode seines Lebens, wesentlich wichtiger und keinesfalls episodenhaft waren seine permanenten Aktivitäten im Rahmen der portugiesischen Expansion bis zu seinem Tode im Jahre 1460. Beurteilung und Charakterisierung dieser Aktivitäten sind allerdings umstritten, nicht zuletzt deshalb, weil die schlechte Quellenlage zu Spekulationen geradezu herausfordert. So muß die Frage unbeantwortet bleiben, ob unter der Ägide Heinrichs in dessen ‹Residenz› in Sagres an der Küste der Algarve Experten geforscht und ‹Entdecker› ausgebildet wurden. War Heinrich ein Gelehrter mit (natur)wissenschaftlichen Ambitionen, wie viel später aus Hinweisen bei Giorgio Ramusio Mitte des 16. Jahrhunderts und dem portugiesischen Chronisten und Historiker Barros herausgelesen wurde? Oder handelt es sich dabei nur um einen Topos zur Glorifizierung Heinrichs? Oder breitet die ‹Notwendigkeit der Geheimhaltung› unter Heinrich dem Seefahrer – wie übrigens auch in der späteren portugiesischen ‹Ultramar›-Geschichte – den Schleier über Ereignisse, so daß man beispielsweise wenig über die Entwicklung der Seefahrtstechniken – Navigation, Bestimmung der geographischen Breite – weiß? So ist im Hinblick auf den Gebrauch des Quadranten nur bekannt, daß er frühestens 1456, spätestens 1484 zur Bestimmung der Höhe des Polarsterns Verwendung fand.

Am ehesten ist noch Genaueres von dem Hofchronisten Azurara zu erfahren. Auch diese Einschätzungen sind ex post entstanden, doch sind sie in zeitlicher Hinsicht noch näher an der Biographie Heinrichs. Wichtig sind die dort vorgebrachten Motive. Sie betreffen ‹ruhmvolle Taten im Dienste Gottes und des Königs› gegen Muslime oder Entdekkungsfahrten als ritterliche Tugend, des weiteren die Gewinnung neuer Handelspartner und Verbündeter gegen die muslimischen Mächte, verbunden mit der Verbreitung des christlichen Glaubens. Wie noch auszuführen sein wird, war Heinrichs Politik nicht nur machtbewußt, sondern vor allem auch gewinnorientiert, wie allein schon die Monopolisierung der Expansionsbestrebungen verdeutlicht. Ob er von Anfang an schon Fahrten nach Indien geplant hatte, ist umstritten. Dies läßt sich erst gegen Ende seines Lebens feststellen, wie päpstliche Bullen zeigen, wo von Fahrten ‹usque ad Indos› die Rede ist. Im Rückblick äußerte sich König Emanuel I. im Jahre 1502 folgendermaßen: «Der Infant Dom Henrique, mein Oheim, begann mit der Entdeckung Guineas in der Absicht und mit dem Wunsche, von der Küste des genannten Landes Guinea aus Indien zu entdecken und aufzusuchen.»[60]

Afrika oder von Anfang an Indien? Es gilt zu bedenken, daß mit ‹Indien› auch Äthiopien, häufig auch das ‹Dritte Indien› genannt, gemeint sein konnte. Diese wichtige Frage der portugiesischen Expansionspolitik ist kaum schlüssig zu beantworten. Fraglich bleibt, ob sich die Perspektiven im Laufe der Aktivitäten geändert haben; das ist eher anzunehmen als auszuschließen, wobei die Vorstellung einer Umsegelung Afrikas von entscheidender Bedeutung war. Eine andere wichtige Frage ist die nach den nautischen, schiffstechnischen Voraussetzungen in Portugal – waren sie überhaupt gegeben, um eine nautische Expansion zu beginnen und konsequent durchzuführen? Die langsame Entwicklung und die dabei auftretenden Hemmnisse und Hindernisse im Zuge der portugiesischen Afrikafahrten seit 1415 lassen dies nicht vermuten. Zweifellos hatte die portugiesische Seefahrt seit langem von den italienischen Seerepubliken, vor allem von Genua, ebenso profitiert wie von den katalanischen Seefahrern. Portugal hatte dabei aufgrund seiner geographischen Lage durchaus Vorteile, lagen die Hafenstädte Lissabon und Porto ja auf der Route nach Flandern und England. Deshalb ließen sich schon im 14. Jahrhundert Kaufleute aus Italien in Portugal nieder, und über die genuesische Kolonie in Lissabon sollte Christoph Columbus später die Handelsmöglichkeiten nützen.

Westafrika oder mehr?

Die Überwindung der ‹Barriere› des Kap Bojador hatte Infant Heinrich seit 1422 vergeblich versuchen lassen; erst 1434 gelang dessen Umfahrung. Damit war nicht nur ein wichtiger Vorsprung einer von Untiefen und Nebel gekennzeichneten Küste bewältigt, sondern damit waren auch Vorstellungen von der Unmöglichkeit relativiert worden, weiter nach Süden vorzudringen und vor allem auch wieder zurückkehren zu können. In den nachfolgenden Jahren sollte es mit der Erforschung der afrikanischen Küste relativ rasch weitergehen, denkt man an das Erreichen des Weißen Kaps (‹Cabo branco›) im Jahre 1441 oder an die Insel Gete/Gorée bzw. Arguim im Jahre 1443, wo die Portugiesen eine Festung und eine Faktorei errichteten, um regelmäßig Handel zu treiben, d. h. vor allem Getreide und Stoffe gegen schwarze Sklaven und Guinea-Gold einzutauschen. Allein in den 1440er Jahren fuhren etwa 50 Schiffe das Gebiet südlich des Cabo branco an, um Sklaven zu jagen. Der portugiesische Hofchronist Azurara berichtet darüber folgendermaßen: «Endlich gefiel es Gott, dem Belohner guter Taten, ihnen für die mannigfachen in seinem Dienst erlittenen Drangsale einen siegreichen Tag, Ruhm für ihre Mühen und Ersatz für ihre Kosten zu gewähren, denn an Männern, Frauen und Kindern wurden zusammen 165 Stück gefangen, neben denen, die umkamen oder getötet wurden.»[61] Nach Azurara scheinen die gefangenen Schwarzen in Portugal vor allem als Haussklaven verkauft worden zu sein.

In den 1440er Jahren begannen sich die Fahrten in wirtschaftlicher Hinsicht offensichtlich zu rentieren. Bis 1447 hatten portugiesische Seefahrer das Cabo verde und die Flußmündungen von Senegal und Gambia erreicht. Beendet wurde diese Phase ein Jahrzehnt später durch die Entdekkung der Bissago-Inseln und von Sierra Leone Anfang der 1460er Jahre. Im Rahmen dieser Aktivitäten gelang es zwei Italienern, dem venezianischen Kaufmann Alvise Cadamosto und dem Genuesen Antoniotto Usodimare, 1455/56 von der westafrikanischen Küste aus die Kapverdischen Inseln zu entdecken. Antonio de Noli war 1462 auch diese Inseln angelaufen, aber nicht als erster, wie oft behauptet worden ist. An Cadamosto und Usodimare, aber auch de Noli wird deutlich, daß die portugiesische Krone auch auf fremdes Kapital zurückgriff, um die begrenzten portugiesischen Ressourcen auszugleichen, hingegen die politische Partizipation anderer westeuropäischer Fürsten wie England und Frankreich von der portugiesischen Expansion ausschloß. Sozusagen ‹hautnah› verspürte Portugal stets die Konkurrenz Kastiliens, nicht nur wegen der angrenzenden andalusischen Küstengebiete, sondern vor allem wegen der Kanarischen Inseln, die im Besitz Kastiliens waren und somit eine nicht schließbare Lücke des portugiesischen Besitzes der Atlantikinseln darstellten. Durch eine Bulle Papst Clemens' VI. aus dem Jahre 1344 hatte Luis de la Cerda die Kanarischen Inseln gegen einen Lehenszins übertragen bekommen in der Erwartung, «daß die Verehrung Gottes weiter verbreitet werde und dir [Cerda] eine Mehrung des ewigen Heils, ein Gewinn an Ehre und eine Erhöhung des Standes zuwachse».[62] Damit war, wenn rhetorisch auch bescheiden, der päpstliche Missionsauftrag aufgegriffen worden.

Diese prokastilische Politik des Papstes im Hinblick auf die Kanarischen Inseln hatte die Verstimmung des portugiesischen Königs zur Folge und trug zur Prolongierung des Konflikts um diese atlantische Inselgruppe zwischen Kastilien und Portugal bei. Erst über hundert Jahre später konnten der portugiesische König Alfons V. und der Infant Heinrich der Seefahrer – sozusagen kompensativ – weitgehende Zusagen seitens der Päpste Nikolaus V. und Calixt III. durch Bullen in den Jahren 1452 (‹Dum diversas›), 1455 (‹Romanus Pontifex›) und 1456 (‹Inter cetera›) für die portugiesischen Interessen erhalten, und zwar in einer entscheidenden Phase der portugiesischen Atlantik- und Afrikaexpansion. In der Bulle vom 8. Januar 1455 übertrug der Papst den beiden Mitgliedern des portugiesischen Herrscherhauses Länder, Häfen, Inseln und «die Meere» vor Afrika samt dem Kirchenpatronat. Auch wird festgestellt, daß seitens Portugals «Menschen aus Guinea und andere Schwarze» gewaltsam gefangengenommen sowie verschifft wurden und viele von ihnen konnten «dortselbst zum katholischen Glauben bekehrt werden».[63] Damit war die Akzeptanz der Sklaverei und die Missionierung der Schwarzen zum Ausdruck gebracht. Ganz allgemein fühlte sich der Papst zur Begünstigung der beiden Mitglieder des portugiesischen Herrscherhauses ermuntert, weil er in ihnen «unerschrockene Streiter für den christlichen Glauben» sah, nicht nur den ‹Sarazenen› und den übrigen Feinden der Christenheit gegenüber, sondern weil sie «ihre Königreiche und Besitzungen auch selbst in den entferntesten und uns (bislang) unbekannten Weltgegenden zur Verteidigung und zur Verbreitung des Glaubens» einsetzen «und ihrer eigenen weltlichen Herrschaft unterwerfen, ohne Mühen und Kosten zu scheuen». Deshalb gewähre ihnen der Papst für den entstandenen Aufwand einen ‹Ausgleich›, damit sie «um so stärker zur Verfolgung ihres ebenso heilbringenden wie rühmlichen Unternehmens angespornt werden».[64] Die Absicht hinsichtlich Akzeptanz und Motivation seitens des Papstes ist klar ausgedrückt; sie heißt die portugiesischen Aktivitäten gut und belohnt sie. Die zweite darauf bezogene Bulle vom 13. März 1456 überträgt dem portugiesischen Christusorden die geistliche Gewalt über alle Gebiete, «welche vom Kap Bojador und Kap Num (Nam) bis über ganz Guinea und über die Südküste hinaus bis zu den (Gebieten) der Inder bereits erworben sind und noch erworben werden […].»[65] Das war eine so weitgehende Übertragung der geistlichen Gerichtsbarkeit und der Amtsgewalt in geistlichen Dingen, daß sie später auch für Indien gelten sollte.

Zum Schutze dieses Heilswerkes verbot 1455 der Papst allen anderen Fürsten, selbst dem Kaiser, in diesen Gebieten Seefahrt, Fischfang, Handel, Eroberung oder sonst etwas zu betreiben, bei Strafe der Exkommunikation für Individuen, des Interdikts (Gottesdienst- und Sakramentverbot) für Kollektive. Im übrigen sollten diese kirchenrechtlichen Instrumente im 16. Jahrhundert im Zuge der Reformation ihre Wirkung stark einbüßen. Die Bulle von 1456 bestätigte ein kirchliches Monopol, indem der portugiesische Christusorden ‹quasi-bischöfliche› Rechte über alle portugiesischen Eroberungen erhielt. Mit den Einkünften dieses Ordens finanzierte die Krone die Afrikafahrten. Jedenfalls fühlte sich die Krone zur Durchsetzung ihres Kronmonopols bzw. ihres Ausschließlichkeitsanspruches im Hinblick auf die Handelsmöglichkeiten berechtigt. So konnte sich Portugal seit der Ära Heinrichs des Seefahrers der Reichtümer Westafrikas sicher sein.

Die Kenntnis der Kanarischen Inseln sowie Guineas aus eigener Ansicht oder aus Erzählungen zog Columbus bei der vergleichenden Einordnung der Karibischen Inseln während seiner ersten Fahrt über den Atlantik immer wieder heran. Dieses Faktum veranschaulicht, daß ihn Afrika bzw. die afrikanischen Küsten sehr beeindruckt haben müssen. Es kann eigentlich nur seiner eigenen Kenntnis entspringen, wenn Columbus im Bordbuch der ersten Reise im Hinblick auf die ausgezeichneten Häfen der Karibik sagt: «Ich kam auch in die nördlichen Gewässer bis nach England, dann nach Guinea; doch nirgends war es mir gegeben, so schöne Häfen […]

zu finden.»[66] Guinea bildete für Columbus den Vergleichspunkt, die ‹sprachliche Einheit› für die Karibik festzustellen, mit der Absicht im Hintergrund, die auszubildenden Dolmetscher für den gesamten karibischen Raum verwenden zu können. «In Guinea verhält es sich anders: Hier sprechen sie tausend verschiedene Sprachen, und die Einwohner einer Gegend verstehen die Sprache der Bewohner eines andern Ortes nicht.»[67] Einen Vergleich bemühte Columbus auf der gleichen Reise auch mit Teneriffa, wenn er zu den steilaufragenden waldbedeckten Bergen der Karibischen Inseln feststellt: Mit diesen «verglichen treten Schönheit und Höhe der Berge Teneriffas ganz in den Hintergrund». In der Höhenschätzung täuschte er sich völlig, für ihn ragten die Berge in der Karibik so steil und weit empor, «daß man meinen könnte, sie berührten mit ihren Zinnen den Himmel».[68] Die Kanarischen Inseln zog Columbus auch für die Beschreibung der Hautfarbe der Aruaks der Karibik heran, wenn er meint, «sie gleichen den Bewohnern der Kanarischen Inseln, die weder eine schwarze, noch eine weiße Hautfarbe haben».[69]

Nach dem Tode Heinrichs des Seefahrers verpachtete König Alfons V. in den Jahren 1469 bis 1475 die Handelsgeschäfte mit den afrikanischen Gebieten an den Lissaboner Bürger Fernão Gomes unter der Bedingung, jährlich 100 léguas (etwa 550 km) zu erkunden – offenbar eine lohnende Sache. Auf diese Weise gelang es, die Erschließung der afrikanischen Küste bis über den Äquator hinaus zum Kap Santa Caterina im heutigen Gabun vorzunehmen. 1471 wurde der Handel des heutigen Ghana mit dem Gold der Aschanti entdeckt, was Gomes den Adelstitel ‹da Mina› einbrachte. Kaum war der Krieg mit Spanien beendet, ließ die Krone dort das Fort São Jorge da Mina errichten. Hinzu kam das Gold von Arguim. Auch der Guineahandel wurde intensiviert; er muß erhebliche Gewinne abgeworfen haben. Einige Jahre später ließ König Johann II. im Jahre 1481 São Jorge da Mina zur Festung ausbauen, was deren Wichtigkeit für den Gold- und Sklavenhandel unterstreicht. Schon 1472 war die

Insel Fernão da Po im Golf von Guinea durch den gleichnamigen portugiesischen Seefahrer entdeckt worden. Von entscheidender Bedeutung war der Eintritt der Europäer in die südliche Hemisphäre. Dies war neu, sieht man von den Gebrüdern Vivaldi und den alten Phöniziern etc. ab, denn zum ersten Mal überquerten Europäer den Äquator in südlicher Richtung. Dies erforderte auch eine Neuorientierung auf dem südlichen Sternenhimmel.

Im Jahre 1482 entdeckte Diogo Cão den Kongofluß. Er stellte an der Flußmündung padroes, d. h. Steinsäulen, mit Kreuz, Wappen und Inschriften, als Symbol der Besitzergreifung oder der Orientierung auf. Schon auf dieser ersten Reise erfuhr Cão von der Existenz eines ‹großen Reiches›; er hatte auch zwei Begleiter zum Kongoherrscher entsandt, ohne deren Rückkehr abzuwarten, weshalb er auf seiner zweiten Reise im Jahre 1485 landeinwärts fuhr, um nach dem Sitz des ‹Manicongo›-Herrschers Nzinga Nkuwu in Mbanza Congo zu suchen, der seinerseits im Jahre 1489 eine ‹königliche› Gesandtschaft nach Lissabon schicken sollte. Dieser Herrscher des Bantuvolkes der Bakongo bekehrte sich zum Christentum, nahm den portugiesischen Namen João I. an und ließ in seiner Residenz im Jahre 1490 die erste Kirche errichten. Zur gleichen Zeit kamen portugiesische Missionare, um Massentaufen vorzunehmen. Im Kongo entfaltete die portugiesische Expansion also eine völlig andere Wirkung als zuvor in Westafrika. Dieses interessante Herrschafts- und Missionsprojekt war jedoch letztlich nicht erfolgreich, auch wenn ein Mitglied der ‹königlichen Familie› des Kongoherrschers im Jahre 1518 vom Papst sogar zum Bischof geweiht wurde, der übrigens für lange Zeit der einzige ‹afrikanische› Bischof bleiben sollte. Das ‹Kongo-Projekt› und sein Scheitern ist hier nicht näher zu verfolgen. Jedenfalls gab es zahlreiche Gründe dafür, daß dieser Akulturationsversuch unter portugiesischer Dominanz erfolglos bleiben sollte. Vor allem politisch-religiöse Gegensätze der zahlreichen Häuptlinge und die in der Vorstellung der Portugiesen

Erdglobus des Martin Behaim, Nürnberg 1492. Auf ihm wird der Atlantik mit seinen mythischen Inseln ähnlich verkürzt angegeben wie bei Toscanelli. Er veranschaulicht u. a. die breite Rezeption der Idee der Westfahrt und eines in seiner West-Ost-Ausdehnung zu klein angenommenen Atlantiks.

völlig überschätzte Machtstellung des Manicongo, der Widerstand der Häuptlinge gegen Missionierung und politische, wirtschaftliche und kulturelle Abhängigkeit führten schließlich zum Scheitern.

Die Küstenfahrten in Südwestafrika waren noch in den 1480er Jahren weitergegangen. Auf einer zweiten Reise war Cão vermutlich bis zur Walfischbai in Namibia vorgestoßen. Ob der Nürnberger Kaufmann Martin Behaim an dieser

Fahrt Cãos teilnahm, wie er selbst zu verstehen gibt, ist umstritten. Vielleicht hat er die Erfahrungen und das Wissen anderer als sein eigenes ausgegeben. Das war damals ja auch nichts Außergewöhnliches! Unbestritten sind hingegen seine Verdienste im Hinblick auf die Vermittlung astronomischer Kenntnisse nach Portugal, oder die Herstellung eines ‹Erdglobus› – seines berühmten ‹Erdapfels›, des ersten in Europa erhaltenen Globus – im Jahre 1492 während seines vorübergehenden Aufenthaltes in Nürnberg. Auf diesem Globus konnte man in Mitteleuropa den letzten Stand der portugiesischen Afrikafahrten studieren. Behaim blieb letztlich in Portugal, wo er heiratete. Er lebte zeitweise auf den Azoren und starb 1507 ein Jahr nach Columbus in Lissabon. Von seiner Beziehung zu den Azoren her – seine Frau war die Tochter des Gouverneurs der Azoreninsel Fayal – läßt sich seine Kenntnis und sein Interesse für portugiesische Westfahrt-Ambitionen erschließen. Durch Behaim sollte Hieronymus Münzer, ausgebildeter Arzt und Gelehrter, der dem Nürnberger Humanistenkreis um Hartmann Schedel, den Verfasser der ‹Weltchronik› aus dem Jahre 1493, angehörte, auch an der Herstellung des Behaim-Globus beteiligt gewesen sein; offenbar aus Furcht vor der Pest trat er im Jahre 1494 von Nürnberg aus eine Reise nach Spanien und Portugal an, wo er u. a. etwas über die Westfahrt-Initiativen und Möglichkeiten Portugals von den Azoren aus erfahren konnte. Münzer zog daraus die Konsequenz, den portugiesischen König noch nach Columbus' Rückkehr von dessen erster Reise darauf anzusprechen und ihn von der außergewöhnlichen Bedeutung einer Westfahrt zu überzeugen.

Indien löst Afrika als Ziel der portugiesischen Expansion ab

Spätestens seit den 1480er Jahren trat in den portugiesischen Bemühungen das Zielgebiet Indien in den Vordergrund, und dies durchaus in zeitlicher Parallele zum ‹Kongo-Projekt›. Inwieweit schon etwa zwei Jahrzehnte früher, also in der späten Ära Heinrichs des Seefahrers, die Perspektive Indien eine wesentliche Rolle im Rahmen der portugiesischen Expansionsvorstellungen spielte, gilt als umstritten. Es war die Frage, was sich die Krone Portugals jenseits von Westafrika und später jenseits des Kongos erwartete. Fra Mauro, Camaldulensermönch im Kloster San Michele auf der Insel Murano in der Lagune von Venedig, hatte, vielleicht auf Veranlassung von Heinrich dem Seefahrer, in den Jahren 1459/60 eine Weltkarte angefertigt, die sowohl arabisches Wissen über Ostafrika als auch die Umfahrbarkeit Afrikas vermittelte. Möglicherweise bezog diese Karte Informationen arabischer Seefahrer ein, die Anfang des 15. Jahrhunderts vom Indischen Ozean aus in den Atlantik gelangt sein könnten.

Unbestritten ist, daß die Planung unter König Johann II. (1481–1495) an Stringenz und Konsequenz wieder zunahm. Dies hat nicht unwesentlich dazu beigetragen, daß Indien zum vorrangigen Ziel wurde, um auf diese Weise das venezianische Gewürzmonopol in Europa zu brechen. Zunächst war jedoch der Küstenverlauf Afrikas nach Süden bzw. Osten noch zu erkunden. Dies geschah ab 1487 durch Bartolomeu Dias. Er kam bereits über die Südspitze Afrikas hinaus, wahrscheinlich bis zur Mossel-Bay, wobei er das südlichste Kap des Kontinents erst auf seiner Rückfahrt sichten konnte. Vielleicht war dies gerade ein Glück, denn dieses in der Vorstellung der europäischen Seefahrer unglaublich starke Bild der Südspitze Afrikas und deren Überwindung vom Atlantischen Ozean aus wurde zur Metapher der Europäer. Jedenfalls erwies es sich als ein ‹Kap der Stürme›, wie aus der Namensgebung durch Dias auf dessen Rückfahrt im

Jahre 1488 hervorgeht. Doch kurz danach wurde es in ‹Kap der Guten Hoffnung› umbenannt, um den Durchbruch der Entdeckung und den damit verbundenen Optimismus zum Ausdruck zu bringen. So jedenfalls ist die allgemein anerkannte Erklärung für die neue Namensgebung. Stürmisch blieb es allemal und eine Gefahr für die Seefahrer, falls sie zu nahe an das Kap herankamen.

Die weitere Erkundung Afrikas trat damals noch nicht so stark in den Hintergrund, wie dies später zu beobachten ist, im Gegenteil. Parallel zu den Fahrten von Dias ließ König Johann II. weitere Unternehmungen starten. Sie galten einerseits Kontakten mit dem Reich Benin sowie dem Reich der Wolof an der Mündung des Senegal, andererseits der Ambition, die ‹islamische Barriere› auf dem Landweg zu überwinden und den Herrscher von Äthiopien aufzusuchen. Dies geschah im selben Jahr, als Dias zur See nach Süden aufbrach, nämlich 1487. Dazu wurde Afonso de Payva mit Briefen zum ‹Erzpriester Johannes› nach Äthiopien (dem ‹Dritten Indien›) entsandt, gleichzeitig sollte Pero da Covilhã nach Indien reisen. Beide reisten gemeinsam bis Kairo, wo sie sich trennten. Allerdings starb de Payva, bevor er nach Äthiopien gelangte. Da Covilhã hingegen kam auf dem Seeweg an die indische Malabarküste und lernte hier den Gewürzhandel kennen; er dürfte auch die ostafrikanische Küste besucht haben, bevor er Josepe und Rabbi Abrão, zwei vom portugiesischen König entsandten Juden, seinen Bericht übergab und danach nach Äthiopien reiste, wo man ihn festhielt, und er die restlichen 33 Jahre seines Lebens verbrachte.

Damit hatte sich die Krone Portugals relative Klarheit darüber verschafft, wie man nach Indien – und damit im weiteren Sinne nach Asien bzw. nach Catai im Sinne Marco Polos – gelangen konnte. Nicht genau bekannt ist, wie detailliert der nach Portugal gebrachte Bericht von Covilhã tatsächlich gewesen ist. Was aus späterer Kenntnis noch fehlte, war ein relativ kurzes Stück der afrikanischen Küste – vom Großen Fischfluß bis Sofala. Allerdings sollten zehn Jahre vergehen, ehe Vasco da Gama Indien erreichte. Diese angesichts der üblichen Dynamik der portugiesischen Expansion relativ lange Zeitdauer erklärt sich u. a. aus der Konfrontation mit den Folgen der Entdeckungsfahrten von Christoph Columbus und den daraus resultierenden vertraglichen Regelungen mit den Katholischen Königen, «was in Abwandlung einer päpstlichen Entscheidung von 1493 durch den Vertrag von Tordesillas 1494 geschah. Zusätzlich zur Nord-Süd-Grenze von 1479 (Alcáçovas) wurde Portugal auf die Gebiete östlich des 370 leguas westlich der Kapverdischen Inseln verlaufenden Längenkreises (46 Grad, 30 Sekunden westlicher Länge) beschränkt. Dazu kam 1495 der Herrscherwechsel von Johann II. zu Emanuel I. (1495–1521). Darüber hinaus gibt es die immer wieder erneuerte Hypothese geheimgehaltener Erkundungsfahrten im Südatlantik zwischen 1488 und 1497. Vasco da Gama hat zwar die Küstenroute mit ihren Gegenwinden und Gegenströmungen gemieden; wir wissen aber nicht, ob dies auf genauere Kenntnis der südatlantischen Wind- und Strömungsverhältnisse zurückzuführen ist.»[70]

Die Sache ist jedoch komplexer. Seit der Umsetzung des Vertrages von Alcáçovas ging es um die Klärung der Situation zwischen Portugal und Kastilien, und zwar um die Sicherung Afrikas für Portugal (in bezug auf den Breitengrad) und der Kanarischen Inseln für Kastilien; von Bedeutung waren auch die Fischgründe vor der westafrikanischen Küste. Aufgrund der Erfahrungen mit dem Projekt von Columbus in Portugal (Westfahrt-Idee) kam es zu Westfahrt-Unternehmungen in Portugal: Die Fahrten von Fernão Dulmo im Jahre 1486 und letztlich auch die von Cabral im Jahre 1500 sind Beispiele dafür. Dulmo sollte im Auftrag König Johanns II. «eine große Insel, mehrere Inseln oder die Küste eines Festlandes auffinden, die, wie er (Dulmo) vermutet, die Sieben-Städte-Insel (d. h. Antilia) ist».[71] Die Dulmo-Fahrt, über deren Ergebnisse nichts bekannt ist, steht am Ende längerer Bemühungen, denn die portugiesische Krone stellte

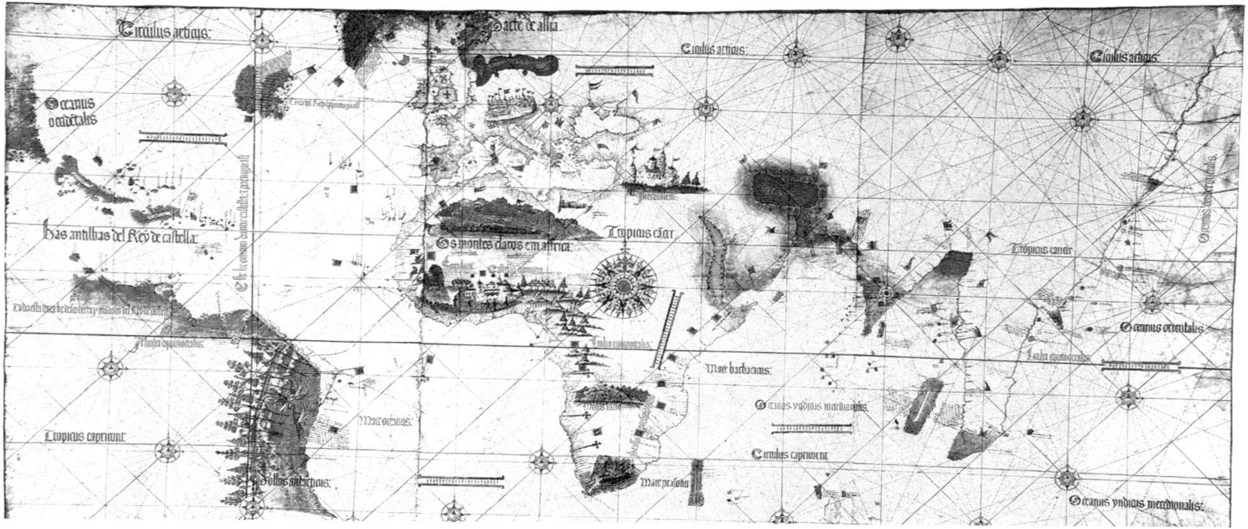

Sogenannte Cantino-Karte, anonym, 1502. Auf dieser Weltkarte portugiesischen Ursprungs, die Alberto Cantino Ercole d'Este dem Herzog von Ferrara überbrachte, ist der neue amerikanische Kontinent ebenso zu erkennen wie die 1494 im Vertrag von Tordesillas festgelegte Trennungslinie zwischen den Einflußgebieten Portugals und Kastiliens.

seit der Mitte des 15. Jahrhunderts immer wieder Patentbriefe für die Entdeckung und Inbesitznahme von westlich der Azoren gelegenen Inseln und Ländern aus. Daraus resultiert eine starke Westorientierung Kastiliens, ein Konflikt um die Kanarischen Inseln, die Küste zwischen dem Kap Bojador und Kap Num. Über die Umsetzung des Vertrags von Alcáçovas wurde zwischen Portugal und Kastilien seit 1482 verhandelt, allerdings mit wechselndem Erfolg. Erst in Tordesillas konnten die Probleme einer Lösung zugeführt werden, und zwar nicht unter dem Eindruck der ersten Fahrt von Columbus, wie oft vermutet wurde, sondern unabhängig davon. Zweifellos wurde das Konfliktfeld zwischen Portugal und Kastilien seit Columbus jedoch größer, zumal jede Unternehmung des einen Landes das Einverständnis des anderen erforderlich machte, um in die eigene Einflußzone zu gelangen. Im Zuge dessen erlangten päpstliche Bullen Bedeutung zur Festigung der Position Portugals. Am 4. Mai 1493 hatte die Bulle ‹Inter cetera› Papst Alexanders VI. eine ‹Teilung der Welt› zwischen Spanien und Portugal verkündet: «Portugal erhielt Ostindien und den dorthin führenden Seeweg, also die afrikanische Küste. Spanien sprach die Bulle die Neue Welt, Portugal die Alte Welt zu. Beide galt es zu entschleiern und zu erobern, in beiden winkten große Möglichkeiten des Handels und christlicher Mission.»[72] Dies und ähnliches kann man über die ‹Teilung der Welt› lesen. Portugal verfolgte weiterhin die östliche Seeroute; so brach Vasco da Gama im Jahre 1497 auf, um das Kap der Guten Hoffnung zu umsegeln und über Ostafrika weiter nach Indien zu fahren. In Ostafrika ging Vasco da Gama in Quelimane, Mozambique, Mombasa und Malindi an Land, wo er chinesische Händler sowie arabische Seeleute antraf. Mit einem arabischen Steuermann an Bord verließ er am 24. April 1498 die afrikanische Küste in Richtung Kalikut, die er am 20. Mai erreichte. Fortan führten die Könige Portugals den Titel eines ‹Herrschers von Guinea und den Eroberungen, Herr über die Schiffahrt und den Handel mit Äthiopien, Arabien, Persien und Indien›. In den folgenden Jahrzehnten sollte Portugal seine Seeherrschaft im Indischen Ozean begründen und festigen, geprägt von Flottenpräsenz sowie Stützpunkten an den Küsten Afrikas und Indiens und erweitert um Handelsplätze im östlichen Indischen Ozean.

Sechstes Kapitel

Christoph Columbus als Entdecker eines Zwischenkontinents›

Christoph Columbus am Ziel: Das Jahr 1492 und seine Folgen

Die vier Fahrten von Christoph Columbus in die karibische Inselwelt sind unterschiedlich gut dokumentiert; über die erste Fahrt ist am meisten überliefert, vor allem weil das Bordbuch erhalten ist, allerdings wurde es von Las Casas überarbeitet und daher im Zweifelsfall wohl zugunsten von Columbus gestaltet. Das zweite Dokument, das auch der ersten Reise gilt, ist der sogenannte Columbusbrief an den Hofbeamten Luis de Santángel, der im Frühjahr 1493 in Barcelona veröffentlicht und in der Folgezeit in zahlreiche europäische Sprachen übersetzt wurde. Insgesamt ist die Quellenlage der vier Fahrten von Christoph Columbus sehr gut bis gut. Mit Ausnahme der zweiten Reise liegen überall Berichte von Columbus selbst vor. Das ist insgesamt schon außergewöhnlich für die Seefahrer seiner Zeit. Seine erste Fahrt ist wohl die bekannteste, sie gilt auch als interessanteste, betrat sie doch in vieler Hinsicht Neuland. Auch das Bordbuch hat zur anhaltenden Popularität dieser Reise beigetragen, die nicht selten stellvertretend für die gesamten Aktivitäten von Columbus steht, auch wenn zu bedenken ist, daß seine Berichte über die dritte und vierte Reise durchaus von Interesse sind. So hat Columbus über diese Reisen nicht nur ‹cartas› bzw. Berichte an die Katholischen Könige noch vor der Rückkehr aus der Karibik verfaßt, sondern auch Briefe an andere Persönlichkeiten gerichtet. Von besonderem Interesse ist dabei seine Verteidigung gegen die Anschuldigungen und die Gefangensetzung während der dritten Reise, die Columbus an die Amme des Prinzen Juan richtete, um seine Chancen auf eine Rehabilitierung am Königshof zu verbessern.

Am 3. August 1492 fuhr Columbus von Palos aus mit drei Schiffen – der ‹Santa Maria›, der ‹Pinta› und der ‹Niña› – ab,

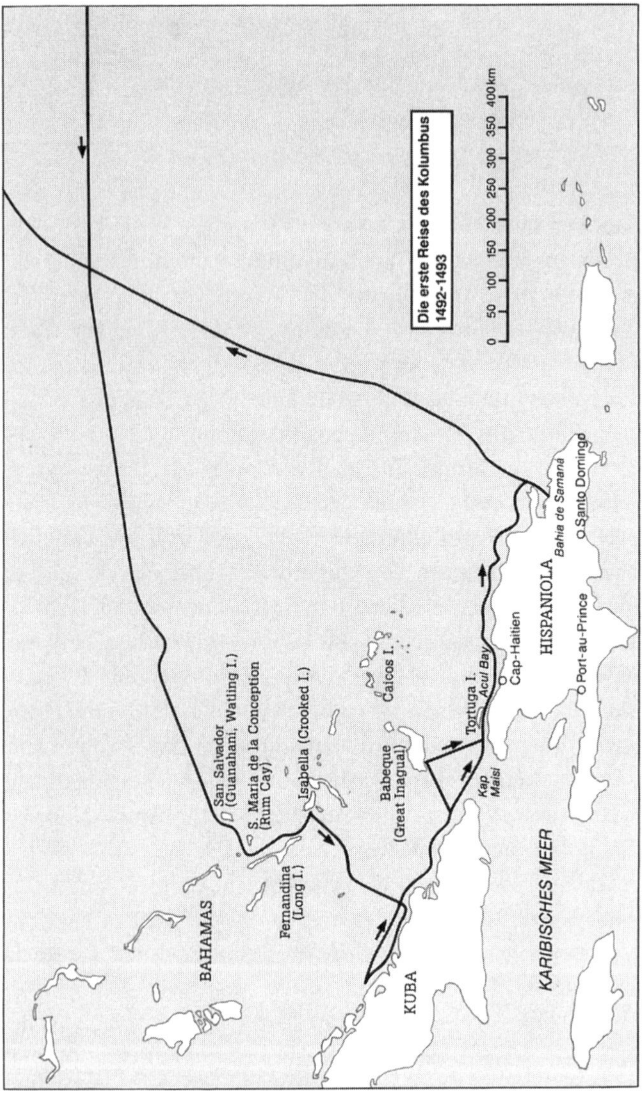
Die erste Reise des Kolumbus
1492-1493
0 50 100 150 200 250 300 350 400 km
BAHAMAS
San Salvador
(Guanahani, Watling I.)
S. Maria de la Conception
(Rum Cay)
Isabella (Crooked I.)
Fernandina
(Long I.)
Babeque
(Great Inagua)
Caicos I.
Tortuga I.
Acul Bay
Kap
Maisi
KUBA
KARIBISCHES MEER
HISPANIOLA
Cap-Haitien
Port-au-Prince
Bahia de Samaná
Santo Domingo

gelangte zunächst auf die Kanarischen Inseln, wo man sich vier Wochen aufhielt, u. a. auf La Gomera, um die Schiffe ausbessern zu lassen und Proviant aufzunehmen, und fuhr am 6. September westwärts auf die offene See, um am 12. Oktober die erste karibische Insel zu erreichen. Columbus hatte Glück, kam er doch rasch voran, seine Fahrt hätte auch erheblich länger dauern können. Es war eine Fahrt ins Ungewisse, die Meuterei der Mannschaft Anfang Oktober während der – rückblickend betrachtet – zügigen Überfahrt von nur 36 Tagen kam deshalb auch nicht zufällig. Da Columbus nach Asien gelangen wollte, traf er seines Erachtens gute kommunikative Voraussetzungen an, indem er, wie er selbst bemerkt, zwei Dolmetscher mitnahm, darunter Luis de Torres, «einen bekehrten Juden [Judenchristen] und ehemaligen Bedienten des Gouverneurs von Murcia, der angeblich die hebräische und chaldäische Sprache beherrschen und auch etwas Arabisch verstehen soll».[73]

Columbus' nautische Leistung muß um so höher eingeschätzt werden, als ihm die drei den Atlantik bestimmenden Windsysteme, die in ‹drei riesigen Ellipsen› wirken, noch nicht bekannt waren. Zwei Windsysteme konnte er durchaus nutzen: die Passatwinde, die ihn nach Westen gelangen ließen, und auf der nördlichen Rückfahrtroute konnte er das Westwindband bzw. die Westwindströmung der atlantischen Mittelbreiten nutzen. Es ist eher anzunehmen, daß er diese beiden Windsysteme zufällig entdeckte, vielleicht aber auch in Portugal vom Westwindband erfahren hatte – die Azoren befanden sich ja in dieser Zone – bzw. vermutete, daß sich das Passatwindband nach Westen fortsetzte. Jedenfalls ist anzunehmen, daß den portugiesischen Seefahrern die Windsysteme des Atlantischen Ozeans wenigstens zum Teil bekannt gewesen sind. Für seine Westfahrt setzte Columbus recht erfolgreich den Kompaß ein, auch wenn ihm schon in der ersten Phase seiner ersten Fahrt das Phänomen der Mißweisung der Magnetnadel auffiel, das ihn irritierte. Er irrte sich auch, wie andere Mitglieder der ersten Reise, bei der

Sichtung von Land, die sich als Täuschung herausstellte, das gilt ebenso für die Annahme, daß Vogelflug auf nahes Land hindeuten müsste. Da die Bestimmung der geographischen Länge und damit die zurückgelegte Fahrtstrecke durch astronomische Messungen nicht möglich war, konnte die zurückgelegte Strecke nur durch den Einsatz von Loghölzern und Sanduhren bestimmt werden, was schwierig und ungenau war. Auch die Bestimmung der geographischen Breite durch Astrolabien und Quadranten war unter Umständen nicht einfach, etwa bei hohem Seegang.

War Columbus' ‹Reisegeschwindigkeit› in die Karibik mit 36 Tagen während der ersten Fahrt nicht gerade gering, so konnte er sie in der Folge noch steigern. So sichtete er auf seiner zweiten Durchquerung des Atlantik von Osten her schon nach zwanzig Tagen Land, auf der dritten Reise schaffte er in siebzehn Tagen die Überfahrt, auf der vierten in sechzehn Tagen. Columbus nahm sich im Bordbuch seiner ersten Reise vor, neben dem, was er «jeden Abend über die Ereignisse eines jeden Tages und jeden Tag über die Fortschritte der Fahrt in der Nacht niederschreiben werde», auch eine «neue Seekarte» anzufertigen, die entweder nicht erhalten oder zu der es überhaupt nicht gekommen ist.[74]

Nachdem Columbus am 6. September 1492 in La Gomera ausgelaufen war, vermerkte er schon am 9. September, er trage weniger Seemeilen als er tatsächlich zurückgelegt habe, in sein Tagebuch ein, «damit meine Leute nicht den Mut verloren, falls die Reise zu lange dauern sollte».[75] So hat er, wie er selbst schreibt, nur 144 statt 156 Meilen (am 9. September), 192 statt 220 (am 16. September), 52 statt 86 (am 18. September) und 176 statt 236 Meilen (10. Oktober) während des Tages und/oder während der Nacht eingetragen. Insgesamt legte er seinen Aufzeichnungen zufolge bis zum 10. Oktober, also zwei Tage vor der Landung in Guanahaní, 2828 Meilen zurück, seiner Mannschaft gegenüber gab er nur 2336 Meilen zu.

Was aber tat Columbus, als er auf seiner Fahrt die erste

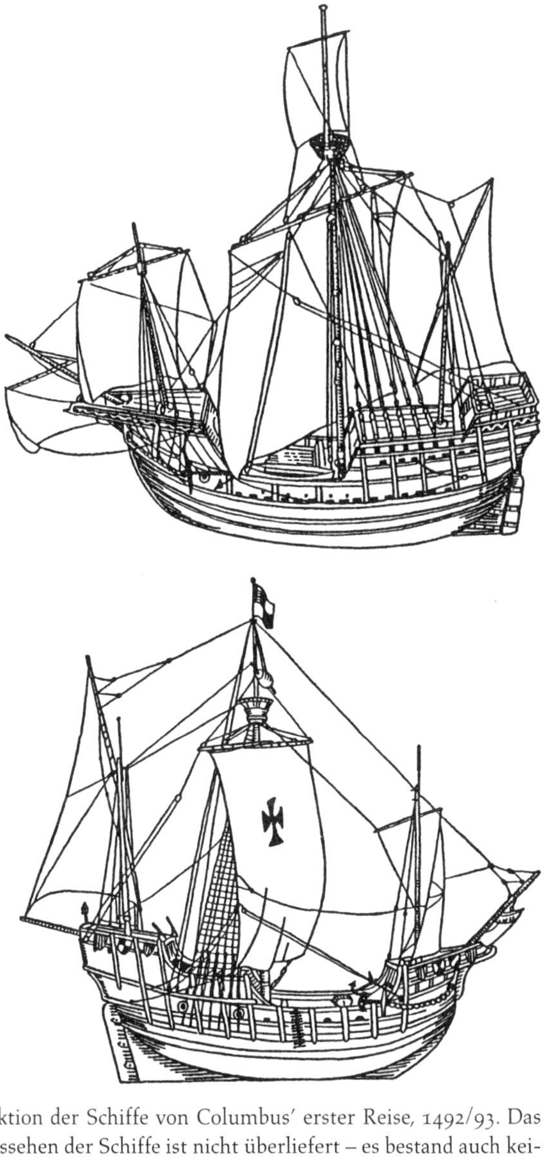

Rekonstruktion der Schiffe von Columbus' erster Reise, 1492/93. Das genaue Aussehen der Schiffe ist nicht überliefert – es bestand auch keine Notwendigkeit, dies zu dokumentieren –, doch war das historische Interesse schon immer so groß, daß Rekonstruktionen versucht worden sind.

Insel – Guanahani/San Salvador/Watling Island – erreichte? Er ging mit dem königlichen Banner an Land; gemeinsam mit den Brüdern Martín Alonso und Vicente Yáñez Pinzón aus Palos, den Kapitänen der ‹Pinta› bzw. ‹Niña›, und Rodrigo Descovedo, dem königlichen Notar, sowie begleitet von vielen anderen Personen seiner Mannschaft, nahm er die Insel im Namen der Katholischen Könige in Besitz! Wieso diese Inbesitznahme? Geschah es nach dem Beispiel der portugiesischen Vorgehensweise an den afrikanischen Küsten? Ja, sehr wohl. Die dabeistehenden Aruaks, Vertreter der indigenen Bevölkerung, verstanden diesen Vorgang nicht! Man konnte sich nur durch Gesten verständigen, die Aruaks ließen es sich jedenfalls gefallen, aus welchen Gründen auch immer. Strahlende Sonne, eine eindrucksvolle Natur mit üppigem Grün, im großen Kontrast zu den Columbus bekannten Mittelmeerländern oder den nordwestafrikanischen Küsten, und nackte Menschen. So stellten sich die Christen das Paradies in Anlehnung an die Schilderung in der Bibel vor. Für Columbus waren es – zunächst jedenfalls – friedliche Menschen, wie er in seinem Bordbuch herausstreicht, «eine Feststellung, die später von den Missionaren, die dem Vernichtungsprozeß der indianischen Rasse mit machtlosem Protest folgen mußten, als früher Hinweis auf deren paradiesische Unschuld gedeutet wurde».[76] Columbus sah in den Indios willige Subjekte der Krone, Sklaven und leicht zum Christentum zu Bekehrende: «Sie müssen gewiß treue und kluge Diener sein, da ich die Erfahrung machte, daß sie in Kürze alles, was ich sagte, zu wiederholen verstanden. [...] Wenn es Gott dem Allmächtigen gefällt, werde ich bei meiner Rückfahrt sechs dieser Männer mit mir nehmen, um sie Euren Hoheiten vorzuführen, damit sie die Sprache (Kastiliens) erlernen.»[77] Diese Feststellungen und Hintergedanken erklären sich vor allem aus der rechtfertigenden Notwendigkeit gegenüber den Katholischen Königen. Columbus hat seine Eindrücke notiert und damit der Nachwelt überliefert, eine in seiner Zeit eher selten anzutreffende Vorgehensweise.

Bei den Eindrücken von Columbus ist zu bedenken, daß er sehr einfache Gesellschaften vor sich hatte. So erschienen ihm die Eingeborenen als friedliche Leute, «die man weit besser durch Liebe als mit dem Schwert retten und zu unserem Heiligen Glauben bekehren könne».[78] Also sanfte Mission? Wie auch immer, es ist jedenfalls der bei Columbus stets vorhandene Gedanke der Mission, der hier maßgebend zu sein scheint; und nicht nur das, sondern auch die Überlegung, den Königen gehorsame neue Untertanen zuzuführen: «Sie gehen nackend umher, so wie Gott sie erschaffen, Männer wie Frauen», und sie seien weniger als 30 Jahre alt. Sie hätten keine Waffen, ihnen seien weder Eisen noch Schwerter bekannt. «Ihre Spieße sind eine Art Stäbe ohne Eisen, die an der Spitze mit einem Fischzahn oder einem anderen harten Gegenstand versehen sind. [...] Überdies glaube ich, daß sie allem Anschein nach keiner Sekte angehören».[79] Gemeint ist damit wohl, daß sie keine Affinität zum Islam hätten.

Columbus gibt zweimal den angeblichen Eindruck der Eingeborenen wieder, die meinten, er und seine Leute seien «vom Himmel herabgefallen»; deshalb seien sie bereit, «ihr ganzes Hab und Gut für jede angebotene Kleinigkeit von Herzen gern ab[zutreten]». Er schloß aus diesem Verhalten, «daß sie mit dem Gold und den Gewürzen auch nicht anders verfahren würden, falls sie etwas davon besaßen».[80] Deswegen galt seine aufmerksamste Beobachtung dem Gold, wonach er die Eingeborenen seit seiner Landung bei jeder Gelegenheit fragte. Mit großem Interesse beobachtete er das Tragen von Goldschmuck und tauschte ihn ein, ein Kazike machte ihm zwei Goldmasken zum Geschenk. Einmal glaubte er ‹Goldminen› ganz nahe zu sein, und als Eingeborene ihm mitteilten, Gold käme von der Insel ‹Cybao›, identifizierte Columbus diese Insel mit Cipangu/Japan, das er von Marco Polo kannte und für ihn die Bestätigung darstellte, daß er sich in Ostasien befinden mußte.

Columbus fällte öfters positive Urteile, was die Güte der aufgefundenen Hafenbuchten anlangt, die seiner Meinung

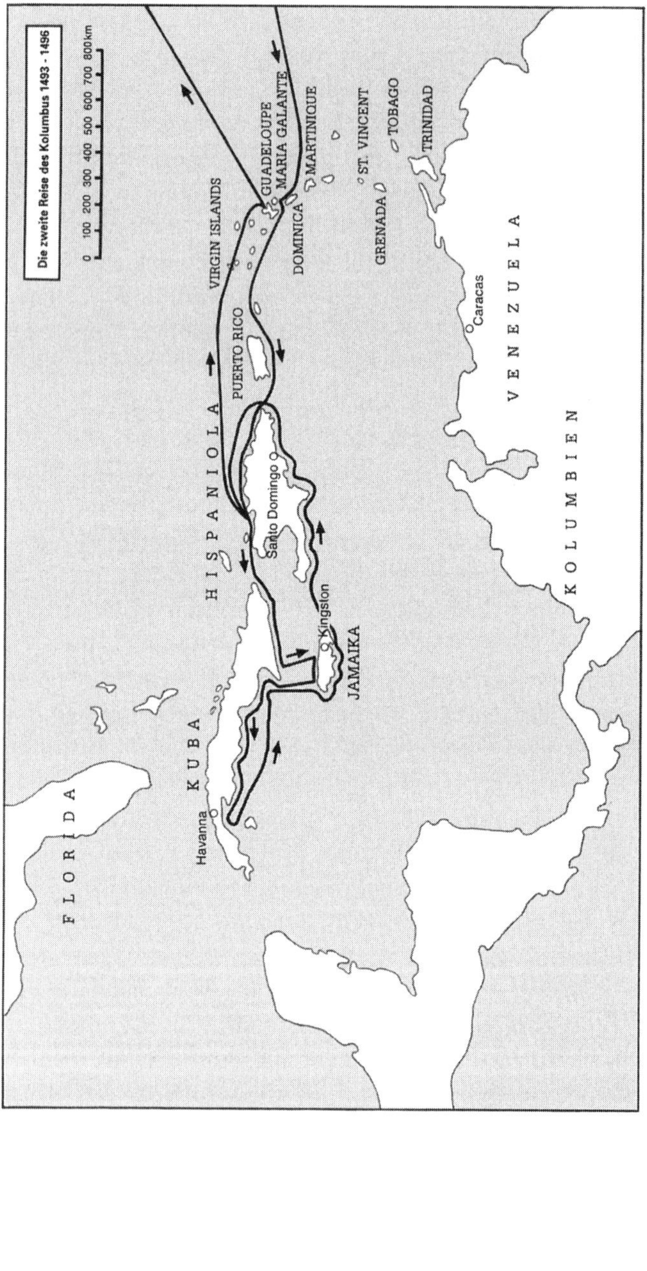
Die zweite Reise des Kolumbus 1493 - 1496
0 100 200 300 400 500 600 700 800km
FLORIDA
KUBA
Havanna
HISPANIOLA
Santo Domingo
Kingston
JAMAIKA
PUERTO RICO
VIRGIN ISLANDS
GUADELOUPE
MARIA GALANTE
DOMINICA
MARTINIQUE
ST. VINCENT
GRENADA
TOBAGO
TRINIDAD
Caracas
VENEZUELA
KOLUMBIEN

nach «die Schiffe der gesamten Christenheit zu fassen» vermöchten.[81] Auch Flußmündungen interessierten ihn deshalb besonders. Er ließ auch das Innere der Inseln erkunden und ordnete exakte Berichtspflicht an. In einem dieser Berichte wurde die Gewohnheit des Rauchens bei den Indios entdeckt, wenn es heißt, daß die Eingeborenen «einen Feuerbrand und bestimmte Kräuter in Händen hielten, um sich ihren Gebräuchen gemäß zu beräuchern».[82]

Nicht nur auf den zuerst entdeckten Bahamas-Inseln, sondern auch an der Nordküste Kubas (von Columbus Juana genannt) verlief der Kontakt mit der indigenen Bevölkerung friedlich. Die Inselbewohner Kubas gaben auch zu verstehen, daß das Hinterland der Insel voller Gold sei, was bei Columbus genau ins Bild der Residenz des Großkhans paßte, weswegen er auch eine Expedition ausrücken ließ, die aber erfolglos zurückkehrte. Es gab kein Gold auf Kuba. Wer weiß, wie Columbus die Gesten der Indios gedeutet hat! Dann fuhr er ostwärts und erreichte die östliche Hauptinsel der Großen Antillen, die er Hispaniola (heute Haiti und Dominikanische Republik) nannte. Hier traf er einen Kaziken, d. h. einen Häuptling, der etwas Goldschmuck hatte, bei einem anderen Kaziken fiel ihm das gleiche auf. Dieser herrschte über eine Gegend, die ‹Guacanagarí› hieß, weswegen Columbus meinte, er müsse in Cipangu (Japan) sein. Diese Annahme war typisch für seine Verifizierungsmethode.

Ein Zwischenfall mit dem Flaggschiff, der ‹Santa Maria›, die an der Küste Hispaniolas auf eine Sandbank auflief und nicht mehr seetüchtig zu bekommen war, hatte zur Folge, daß Columbus das Schiff zurückließ und die Holzteile zur Befestigung für eine Siedlung bzw. ein Fort verwenden ließ – die erste europäische Siedlung in der Karibik – ‹Villa de la Navidad› genannt. Aufgrund dieses Vorfalls wissen wir nicht, wie das Flaggschiff von Columbus tatsächlich ausgesehen hat. Gerne wird bis heute darüber gerätselt. Der zurückgelassene Teil der Mannschaft – es fanden sich dafür genug Freiwillige –, insgesamt 39 Mann, schien einem friedlichen

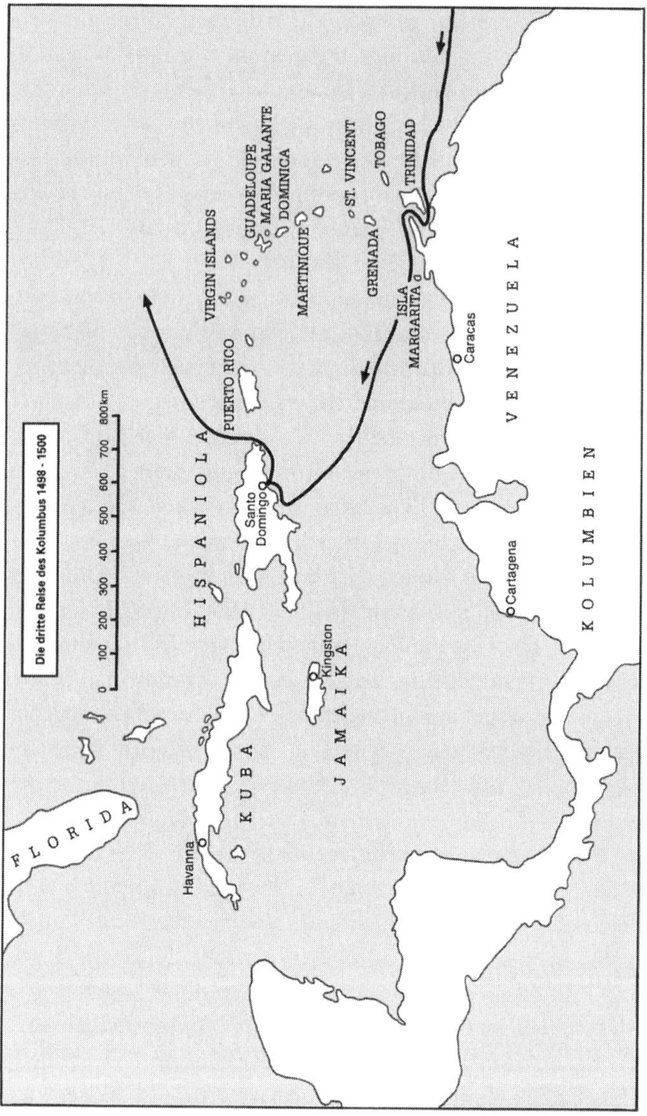
Die dritte Reise des Kolumbus 1498 - 1500
0
100
200
300
400
500
600
700
800 km
FLORIDA
Havanna
KUBA
JAMAIKA
Kingston
HISPANIOLA
Santo Domingo
PUERTO RICO
VIRGIN ISLANDS
GUADELOUPE
MARIA GALANTE
DOMINICA
MARTINIQUE
ST. VINCENT
GRENADA
TOBAGO
TRINIDAD
ISLA MARGARITA
Caracas
VENEZUELA
Cartagena
KOLUMBIEN

Zusammenleben mit den Aruaks entgegenzugehen, zumal diese von ihnen Schutz gegen die feindlichen Nachbarn, die Kariben, die Columbus auf seiner zweiten Reise kennenlernen sollte, erwarteten.

Mit diesen Vorstellungen fuhr Columbus Anfang 1493 nach Spanien zurück, allerdings nicht unbemerkt von der portugiesischen Konkurrenz, weil Columbus bei der Rückfahrt auf die südlichste Azoreninsel Santa Maria traf. Der portugiesische König mußte Columbus verdächtigt haben, portugiesische Hoheitsrechte verletzt zu haben. Aufgrund dieser Erfahrungen ging es diesem und den Katholischen Königen offenbar darum, in einer weiteren Fahrt in die Karibik die Besitzrechte Kastiliens, vor allem gegenüber Portugal, zu wahren. Nach einer langen Anreise von Sevilla über Málaga, Murcia, Valencia und Tarrogona wurde Columbus in Barcelona von den Königen empfangen. Schon in Sevilla war er geehrt und bestaunt worden, führte er doch nicht nur einige Indios mit sich, sondern auch Gold, Papageien und viele andere in Europa unbekannte Dinge. Die mühsame Reise hatte sich für ihn gelohnt, denn niemals mehr erreichte er einen so hohen Bekanntheitsgrad wie damals nach der Rückkehr von seiner ersten Fahrt über den Atlantik. Von den Königen wurde er in den Adelsstand erhoben, überdies wurde ihm ein Wappenbrief erteilt, für sich und seine Nachkommen ein eigenes Familienwappen zu führen. Damit hatte Columbus zunächst viel für den sozialen Aufstieg seiner Familie erreicht.

Für Columbus ergab sich sehr rasch die Möglichkeit, eine zweite Fahrt anzutreten, und dies sogar mit einer wesentlich größeren Mannschaft und Siedlern in der Größenordnung von 1500 Leuten. Seinem Wunsch nach 2000 Siedlern kam die Krone nicht nach, auch wenn sein Prestige wesentlich größer war als vor seiner ersten Fahrt. Von seinem jüngeren Bruder Diego begleitet, hoffte Christoph Städte zu gründen und besonders viel Gold zu finden. Nicht zuletzt unter diesem Erwartungsdruck war für die zweite Reise von 1493 bis 1496 – mit 17 Schiffen – der ‹Kulturkonflikt› mit den Indios zu erwarten, so auf der Insel Guadalupe, die von kriegerischen Kariben bewohnt war. Das Bild der ‹unschuldigen Wilden› wich einem anderen. La Navidad, die Gründung der ersten Reise, war zerstört. Columbus ließ eine neue Stadt errichten, östlich davon, das spätere Santo Domingo. In Hispaniola wurde erstmals die ‹Erkundung› des Hinterlandes unter der Führung von Alonso de Ojeda und Columbus selbst unternommen – ein auch künftig angewandtes Verfahren. Dabei handelte es sich um Feld- und Beutezüge, wie sie für die Konquistadoren typisch werden sollten. Für Hispaniola hatte diese Vorgehensweise zur Folge, daß die Insel bis 1504 völlig unterworfen und die Bevölkerung stark dezimiert war. Davon hat Bartolomé de las Casas in seiner ‹Brévisima relación de la destrucción de las Indias occidentales› (dem ‹Kurzgefaßten Bericht von der Verwüstung der Westindischen Inseln›, in kastilischer Sprache erstmals 1552 in Sevilla veröffentlicht) ausführlich berichtet.

In Jamaica, dessen Nordküste Columbus am 5. Mai 1494 erreichte, wurden die Spanier feindselig empfangen. Diese Negativerfahrung führte zu weiteren Beutezügen, wo erstmals Bluthunde zur Jagd auf die indigene Bevölkerung eingesetzt wurden. Das erwartete Gold und die Residenz des Großkhans fand Columbus dort allerdings nicht. Auf dieser Reise war Columbus das erste Mal krank, deshalb fand die Unterwerfung Hispaniolas ohne ihn statt. Diego Columbus, von seinem Bruder eingesetzt, konnte der Eigendynamik der Kolonisten und Soldaten schwer gegensteuern, die auf der Suche nach Gold sowie Arbeitskräften brutal gegen die indigene Bevölkerung vorgingen und Tribute eintrieben bzw. Arbeitskräfte rekrutierten, wobei sich das System des ‹repartimientos› entwickelte. Auch Columbus schreckte nicht davor zurück, Indio-Sklaven nach Europa zu bringen.

Zur zweiten Fahrt kann folgendes Fazit gezogen werden: Christoph Columbus hatte weder den Großkhan noch China und Japan gefunden, noch konnte er mit den erwarteten Reichtümern – vor allem Gold – nach Spanien zurückkehren. Trotzdem sollte er von den Katholischen Königen neuerdings mit einer Reise beauftragt werden, eine Entscheidung, die vor allem in Zusammenhang mit der Ambition Portugals gesehen werden muß, unter Vasco da Gama eine Flotte nach Indien auszurüsten. Auf dieser dritten Fahrt mit acht Schiffen in den Jahren von 1498 bis 1500 gelangte Columbus an die Küste des späteren Venezuela, erreichte also das südamerikanische Festland. Er nahm wiederum eine Durchquerung der Karibik vor und segelte nach Santo Domingo auf Hispaniola, wo die Lage der Siedler aufgrund der schlechten Versorgung und der zu geringen Goldfunde inzwischen so explosiv geworden war, daß Christoph samt seinen Brüdern Bartolomé und Diego gefangengesetzt und unter Aufsicht des eigens angereisten Hofbeamten Francisco de Bobadilla als Gefangener nach Spanien zurückgebracht wurde. Columbus' ‹Monopol› wurde erstmals durchbrochen; in nautischer Hinsicht war die Route für andere Kapitäne längst nachvollziehbar!

Im Zuge dieser drei Fahrten von Columbus zeigten sich immer wieder die gleichen Probleme: Unzufriedenheit der Kolonisten, entgegen den Erwartungen und Versprechungen kaum Goldfunde, sowie mangelnde Führungskompetenz des Columbus-Clans auf Hispaniola in schwierigen Situationen. Trotzdem waren die Katholischen Könige bereit, Columbus eine vierte Reise mit vier Schiffen zu finanzieren. Dieser Entscheidung ging eine Audienz in Granada im Dezember 1500 voraus, wo den drei Columbus-Brüdern alle Titel und Privilegien bestätigt wurden; Titel und Machtbefugnis eines Vizekönigs kamen allerdings nicht mehr zur Sprache. Christoph Columbus vertrat die Idee, in die Gewässer westlich von Kuba, das er für eine chinesische Halbinsel hielt, vorzustoßen und so eine Durchfahrt nach Indien zu finden, um von dort aus wieder weiter nach Westen zu segeln. Vergeblich wandte er sich mit der Bitte an Papst Alexander VI. um Geistliche zur Missionierung der Indios.

Folgenreich war für Christoph Columbus die Politik der

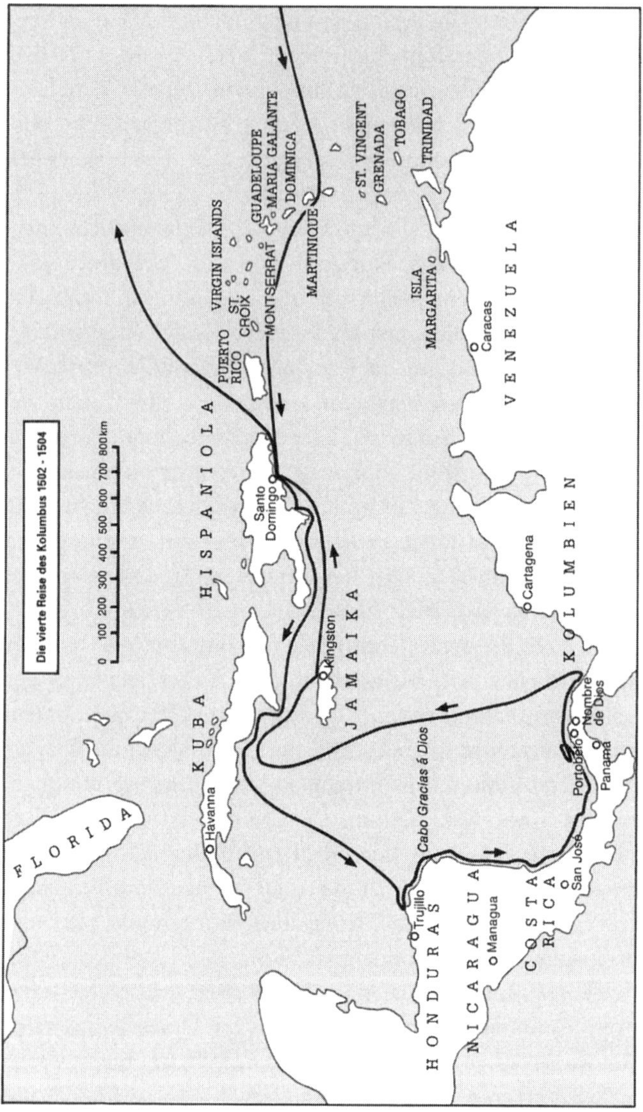
Die vierte Reise des Kolumbus 1502 - 1504
0 100 200 300 400 500 600 700 800 km
FLORIDA
KUBA
Havanna
HISPANIOLA
Santo Domingo
PUERTO RICO
VIRGIN ISLANDS
ST. CROIX
MONTSERRAT
GUADELOUPE
MARIA GALANTE
DOMINICA
MARTINIQUE
ST. VINCENT
GRENADA
TOBAGO
TRINIDAD
ISLA MARGARITA
Caracas
VENEZUELA
KOLUMBIEN
Cartagena
JAMAIKA
Kingston
Cabo Gracias á Dios
Nombre de Dios
Portobelo
Panama
San José
COSTA RICA
NICARAGUA
Managua
HONDURAS
Trujillo

Katholischen Könige, sich aus der Abhängigkeit des Columbus-Clans zu befreien, als gegen Ende des Jahres 1501 Nicolás de Ovando von den Königen zum Gouverneur und obersten Richter der westindischen Inseln bestimmt worden war. Er war der nächste, der das Monopol der Brüder Columbus durchbrach. Diese Ernennung setzte den Machtansprüchen des Columbus-Clans ein vorläufiges Ende. Die Katholischen Könige nahmen dadurch das vorweg, was später, unter Karl V., zum System wurde, nämlich die Aktivisten der Eroberung und militärischen Unterwerfung der indigenen Bevölkerung Amerikas, also die Konquistadoren, eben nicht für zivile Verwaltungsaufgaben heranzuziehen, sondern ohne sie neue Personalstrukturen aufzubauen. Auch in die Ausrüstung der Flotte von Ovando mit 30 Schiffen und 2500 Mann war Christoph Columbus nicht involviert, ihm wurde allerdings zugestanden, einen Agenten mitreisen zu lassen, um bei Bobadilla die Rückerstattung seines persönlichen Eigentums zu erreichen. Neben den portugiesischen Ambitionen, nach Westen zu segeln, die mit dem Namen Vespucci verbunden sind, war damit Columbus auch in Spanien selbst Konkurrenz entstanden.

Columbus' vierte und letzte Reise (1502–1504) wurde rasch organisiert, mit vier Karavellen brach er im Mai 1502 von Cádiz auf. Wollte man ihn loswerden? Interessant ist, daß Columbus ein Sendschreiben an Vasco da Gama mitgegeben wurde, der zu dieser Zeit im Auftrag des portugiesischen Königs ein zweites Mal nach Indien aufgebrochen war. Ist dies ein Hinweis darauf, daß man den Vorstellungen und Plänen des Admirals wenig Vertrauen schenkte? Diese letzte Reise, von Columbus als ‹alto viaje› bezeichnet, war jedoch sehr mühevoll und entbehrungsreich. Er fuhr in die westliche Karibik und erkundete die Küsten von Honduras, Nicaragua, Costa Rica und Panama. Hier errichtete er den Hafen des späteren Portobelo und mußte wegen Wurmfraßes schließlich eines seiner vier Schiffe, die ‹Viscaína› versenken. Mit den übrigen drei Karavellen gelangte er nur bis Jamaica und mußte von dort aus um Hilfe aus Hispaniola, und zwar ausgerechnet von Ovando, bitten, die erst nach über einem Jahr des Wartens und der Auseinandersetzungen mit den Indios eintraf. Von Gicht gezeichnet, war Christoph Columbus am 7. November 1504 wieder in Sanlúcar in Spanien zurück. Bis zu seinem Tod im Jahre 1506 wandte er sich fortan an Beamte des Hofes, um seinen Forderungen nach Bezahlung der Unkosten und der Bestätigung seiner Titel Nachdruck zu verleihen und seinem Sohn Diego die Weitergabe der Würden eines Vizekönigs und Gouverneurs zu sichern. Kurz nach seiner Rückkehr aus Amerika war am 26. November 1504 Königin Isabella gestorben, wodurch seine Situation erschwert wurde. Wohl stellte ihm König Ferdinand eine Grafschaft als Alterssitz in Aussicht; auch die Nachfolgerin als Königin von Kastilien, Johanna die Wahnsinnige, hat Columbus noch kontaktiert, doch erreichte dieser keine Verbesserung seiner Situation. In seinem letzten Testament, abgefaßt am 19. Mai 1506, also einen Tag vor seinem Tod, setzte Christoph Columbus seinen Sohn Diego zum Universalerben ein. Unbeachtet von Hof und Kirche vollzogen sich Tod und Begräbnis in Valladolid. Er starb in dem Bewußtsein, Asien auf der Westroute gefunden zu haben. Doch schon zuvor hatte Amerigo Vespucci von einem neuen Kontinent gesprochen.

Gewiß starb Christoph Columbus 1506 in Valladolid ziemlich unbeachtet – aber ein ‹Staatsbegräbnis› darf man sich aus heutiger Sicht auch nicht erwarten. Doch der Columbus-Clan versank damit nicht in Bedeutungslosigkeit – im Gegenteil: Die Familie Columbus verdankt vor allem den Beziehungen und Bemühungen von Doña María de Toledo (aus dem Hause der Herzöge von Alba), der Gattin von Diego Columbus viel. Es ist erstaunlich, daß Christoph Columbus in seinen letzten Lebensjahren die Herstellung dieser Eheverbindung gelang. María de Toledo, eine Tochter des mit dem Königshaus verschwägerten Hernando de Toledo, konnte am Hofe durchsetzen, daß die Nachfahren von

Christoph ‹Almirantes de las Indias›, also Admirale blieben und vor allem, daß ihr Gatte Diego von 1509 bis zu seinem Tode 1526 Gouverneur von Hispaniola war und auch ihr Sohn Luis zwischen 1540 und 1551 dieses Amt innehaben sollte. Vor allem konnte 1537 María de Toledo bei Karl V. erwirken, daß ihr verstorbener Schwiegervater Christoph und ihr Gatte nach Santo Domingo überführt werden sollten, um dort in einem Art Pantheon in der Kathedrale Gedenken und Verehrung zu finden. Damit begann der Personenkult um Christoph Columbus und seine Taten und Verdienste, mit anderen Worten, die ‹Inszenierung› des Entdeckers. Dies haben neuere spanische Forschungen auf der Grundlage der Akten des ‹Archivo General› in Simancas ergeben.[83]

Später sollte Fernandos Biographie Christophs Leben und Wirken überhöhen und unvergeßlich machen. Dazu sei nur das folgende Beispiel zitiert: «Venient annis /Secula seris, quibus Oceanus / Vincula rerum laxit, et ingens/Pateat tellus, Tiphysque [Tethysque]; novos/Detegat orbes, nec sit terris/Ultima Thule» («Es wird eine Zeit kommen nach vielen Jahren, da die Ketten des Ozeans abfallen werden, und es wird ein riesiges Land auftauchen; dann wird Tiphys neue Welten zeigen, und Thule wird nicht mehr der Welt Ende sein.»)[84] Fernando Columbus stellt fest, daß diese Vision Senecas in dessen Tragödie ‹Medea› seinen Vater neben anderen Gründen bewogen habe, den Weg nach Indien zu suchen; er sieht sie in der Person seines Vaters erfüllt. Das ist eine eindrucksvolle sinnstiftende Überhöhung des Entdeckers ex post, die am Beginn eines Prozesses der Idealisierung von Christoph Columbus steht.

Versucht man eine Charakterisierung von Christoph Columbus' Erwartungen und Vorgehensweise auf seinen Fahrten, so wird zunächst seine Beobachtungsgabe bei den Naturbeschreibungen sichtbar. Mit Columbus «beginnt die üppige Welt der tropischen Natur als verlockendes Gegenbild ins Blickfeld der Europäer zu treten, als möglicher Aufenthaltsort, von dem kein Weg mehr zurückführt».[85] Die

Karibik stellte das erste Paradies dar, das die Europäer kennen- und schätzen lernten. Was die Beobachtung der indigenen Bevölkerung anlangt, stand es bei Columbus anders. Er hat offenbar den sich anbahnenden ‹Kulturkonflikt› mit der indigenen Bevölkerung Amerikas nicht erkannt. Über eine oberflächliche Betrachtung der Einwohner kam er nicht hinaus. Allerdings dienten ihm seine Erfahrungen in Afrika zu deren Klassifizierung und Charakterisierung. In den Bewohnern (Amerikas) sah er keine ‹negros› wie in Guinea, und das Klima in der Karibik unterschied sich seiner Meinung nach von dem Afrikas, vor allem sei es angenehmer, weil es auch windig und kühl sein könne.

«Die Indianer seien gut, schön, harmlos, großzügig – ein Pauschalurteil, das sofort ins Gegenteil umschlägt, sobald es zu kriegerischen Zusammenstößen kommt. Unterschiede der individuellen Erscheinung und des Auftretens, der Sprache, der Lebensweise verschiedener ethnischer Gruppen werden nicht beachtet, und alles das, was den Kulturbesitz der fremden Völker ausmacht, wird kaum je erwähnt. Von der Feststellung, die Indianer seien auch Menschen, springt kein belebender Funke auf das Interesse für Geschichte und Gegenwart der Eingeborenengesellschaft über. Auch die Idee der Missionierung, als Begründung und Rechtfertigung der Reisen immer wieder ins Feld geführt, löste weder vertiefte Überlegungen noch Maßnahmen zur praktischen Bekehrung aus; der Missionsvorwand verband sich vielmehr völlig unreflektiert mit der Versklavungsabsicht. Dabei können Kolumbus derart schändliche Untaten, wie sie die Konquistadoren an den Indianern verüben sollten, nicht nachgewiesen werden; aber er ging unzweifelhaft vom selben Superioritätsbewußtsein aus.»[86] Mit anderen Worten, das europäische Gefühl der Überlegenheit war von Anfang an vorhanden, kombiniert mit einem Unverständnis für die Bevölkerung, die für Columbus offensichtlich als Objekt von Missionierung und Ausbeutung erschien. Jedenfalls hat er vielen Leuten ein unbeschwertes Leben in Reichtum versprochen und damit hohe Erwartungen erweckt, die unerfüllbar waren und zwangsläufig zum lebensbedrohenden Konflikt mit der indigenen Bevölkerung führte, zum Beginn größter sozialer und kultureller Umschichtungen und der Europäisierung anfänglich in der Karibik und später auf dem mittel- und südamerikanischen Festland.

Asien oder eine ‹Neue Welt› bzw. ‹America›? Christoph Columbus, Amerigo Vespucci und die binnenländischen Kartographen Europas

Während die meisten Aufzeichnungen von Christoph Columbus wie sein Bordbuch der ersten Reise erst im 19. Jahrhundert bekannt geworden sind (es war ja auch nicht für die Öffentlichkeit bestimmt), wurde sein Brief an den Hofbeamten Luis de Santángel schon im Frühjahr 1493 in Barcelona gedruckt. Dieser stellt nicht nur die erste überhaupt erhaltene Publikation über die ‹Neue Welt› dar (ohne sie so zu nennen), sondern er zeichnet sich durch eine rechtfertigende Berichterstattung gegenüber Auftrag- und Geldgebern aus. Dieser ‹Columbusbrief› ist in den Jahren von 1493 bis 1497 in 17 verschiedenen Ausgaben und Übersetzungen erschienen, u. a. auf kastilisch, lateinisch, deutsch, auch illustriert, wie die lateinische Basler Ausgabe von 1493 zeigt. Im übrigen wird davon gesprochen, daß Columbus von Cádiz (Gades) aufgebrochen sei und bis in die Karibik nur 33 Tage gebraucht habe; beides ist bekanntlich falsch. Urs Bitterli sieht die Wirkung der Columbusdrucke auf die europäische gelehrte Öffentlichkeit schon deshalb als außerordentlich groß an, weil sich 22 Ausgaben in verschiedenen Sprachen aus den Jahren von 1493 bis 1520 erhalten haben, davon 18 allein aus den Jahren von 1493 bis 1497, und wiederum 11 Ausgaben vom sogenannten ‹Columbusbrief›. Sie fanden ein großes Echo und wurden etwa am Hofe König Heinrichs VII. von England diskutiert. Zweifellos förderte das neue Medium des Buchdrucks die Verbreitung der Kenntnis der Columbus-Reisen. Dabei war das Interesse für das Einzigartige der Westfahrt und die von Columbus versprochenen Reichtümer das Aufregende für die europäischen Gelehrten. Der in der europäischen Öffentlichkeit zirkulierende ‹Columbusbrief› hat die Form eines humanistischen Briefes mit Gedicht und ist inhaltlich deshalb überaus interessant, enthält er doch die Feststellung neu entdeckter Inseln mit der Absicht, auf weiteren Fahrten noch mehr zu entdekken bzw. zu klären. Dies ist aber immer im Kontext einer asiatischen Inselwelt (wohl dem heutigen Japan entsprechend) und dem festländischen China nach den Vorstellungen von Marco Polo zu sehen. Das Gedicht bzw. Epigramm am Ende des ‹Columbusbriefes› stammt gar nicht von Columbus selbst, sondern von Corbaria, dem Bischof von Monte Peloso. Der Text lautet: «Längst schon fehlte für Spaniens Ruhm kein Land/mehr der Erde,/und die Welt war zu klein für solch gewaltige/Macht./Nun wird ein fernes Gebiet, entdeckt an den/Meeren des Ostens,/mächtiger Spanier, dir noch deine Titel vermehr'n./Darum erweise man nun zu Recht dem Entdecker/Kolumbus/Dank, doch inniger noch dankt dem erhabenen/Gott,/der neue Reiche zur Herrschaft beschert für dich/und sich selbst auch,/und dir die Gnade erweist, stark und zugleich/fromm zu sein.»[87]

Es ist zunächst wichtig darzulegen, daß Columbus schon während seiner Fahrten in die Karibik keinesfalls der einzige Seefahrer war, der mit einer Flotte den Atlantik durchquerte, um nach Mittel- und Südamerika zu gelangen. So fuhr im Jahre 1499 Alonso de Ojeda mit drei Karavellen in die Karibik; er hatte an Columbus' zweiter Reise teilgenommen und besaß Gönner am kastilischen Hof, die ihm eine eigene Fahrt ermöglichten. Er war zwar Kommandant, aber wichtiger war sicherlich, daß zwei Männer teilnahmen – Juan de la Cosa, Navigator und Kosmograph, der im Jahre 1500 eine Weltkarte herstellte, auf der auch die neuentdeckten Gebiete eingetragen sind, und Amerigo Vespucci, ein in Sevilla tätiger

Darstellung der Landung von Christoph Columbus in der Baseler Ausgabe des ‹Columbus-Briefes› 1493.
Sie zeigt eine Inselwelt mit den Namen der wichtigsten Inseln, denen Columbus auf seiner ersten Reise Namen gab, sowie ein Schiff im Vordergrund, das die navigatorische Leistung zum Ausdruck bringt.

Bankkaufmann aus Florenz, der in der Zukunft bedeutend werden sollte, denn er verfaßte über diese in den Jahren 1499/1500 stattfindende Reise an den Florentiner Fürsten Lorenzo di Pier Francesco de' Medici einen Brief. Dieser leitete das gleichnamige florentinische Bankhaus, für das Vespucci arbeitete. Die Fahrt ging zum südamerikanischen Festland, zur Orinokomündung, und wahrscheinlich war Vespucci der erste Europäer im Mündungsgebiet des Amazonas. Trotz der mitgebrachten Sklaven, des Goldes, der Perlen und Edelsteine muß die Fahrt wenig einträglich gewesen sein. Die zweite Reise unternahm Vespucci in portugiesischen Diensten, im Auftrag von König Emanuel I., unter der Leitung von Gonçalo Coelho in den Jahren 1501/02, ebenfalls an die südamerikanische Küste. Vielleicht war Vespucci vom portugiesischen König dazu eingeladen worden, vielleicht wurde er bewußt daran gehindert, auf einem spanischen Schiff zu fahren. Im allgemeinen dürfte ein Wechsel von spanischen Diensten in portugiesische leichter möglich gewesen sein, als in der Regel angenommen wird, überdies dürfte Vespucci als Kenner der Karibik wegen seiner mit Columbus gemachten Erfahrungen für Portugal von besonderem Interesse gewesen sein. Wie für die erste Reise Vespuccis gilt auch hier das Faktum, daß dessen Reisebericht die wichtigste Quelle des Unternehmens von Coelho ist. Es handelt sich um einen Glücksfall, auch wenn Vespucci sich als Mittelpunkt des Unternehmens präsentiert. Die Flotte gelangte nach Nordbrasilien – südlich des späteren Fortaleza – und erreichte am Neujahrstag 1502, daher der Name, den Rio de Janeiro. Wie weit der Flotte ein Vorstoß nach Süden gelang, ist in der Forschung umstritten; vor allem ist unsicher, ob schon damals die Mündung des Rio de la Plata erreicht und somit entdeckt worden ist. Im Herbst 1502 kehrte die Flotte nach Portugal zurück. Weitere Fahrten Vespuccis sind nicht mit Sicherheit festzustellen.

Wie erklärt sich der publizistisch-literarische Erfolg Vespuccis? Dieser hat seine Reisen anschaulich geschildert; demgegenüber ist es nebensächlich, daß die Glaubwürdigkeit da und dort bezweifelt werden muß. Vespuccis Bericht über seine erste Reise, der sogenannte ‹Mundus-Novus-Brief› von 1501 an Lorenzo di Pier Francesco de' Medici, wurde in zahlreichen Ausgaben (lateinisch, italienisch, französisch, deutsch und niederländisch) in den Jahren von 1503 bis 1507 gedruckt und damit noch zu Lebzeiten von Columbus in der europäischen Öffentlichkeit bekannt. Außerdem wurde er in den darauffolgenden Jahrzehnten in die bekannte Sammlung von Reiseberichten ‹Delle Navigazioni e viaggi› des Giovanni Battista Ramusio, erschienen in Venedig in den Jahren 1563/65, aufgenommen. Dieser Bericht, dessen italienisches Original nicht erhalten ist, erlebte dreimal so viele Ausgaben wie der sogenannte ‹Columbus-Brief›. Auch wurde der Brief – und das war für dessen Verbreitung sehr wichtig – in eine weitere Sammlung von Reiseberichten aufgenommen, die Francanzano de Montalboddo im Jahre 1507 unter dem Titel ‹Paesi novamente retrovati› herausgab. «Im Unterschied zum berühmten Kolumbus-Brief an Santángel, der, bereits von der Verbreitungsmöglichkeit durch den Buchdruck profitierend, einen amtlich-informativen Charakter trägt, bemüht sich Vespucci besonders auch in diesem Brief um eine eingängige und gefällige Form der Darstellung. Insbesondere werden bei der Beschreibung der Indianer Aspekte, die auf neugieriges Interesse zählen können, sexuelle Promiskuität und Kannibalismus beispielsweise, hervorgehoben. Nicht minder wichtig ist, daß Vespucci im Mundus-Novus-Brief eindringlich von der Auffindung der ‹Neuen Welt› spricht und damit diese Bezeichnung erst populär macht. Das Neuartige dieser Schilderung und deren weite Streuung haben zweifellos, neben der Empfehlung durch Ringmann und Waldseemüller, erheblich dazu beigetragen, der Person Vespuccis eine Ausstrahlung zu verschaffen, welche für die Festlandsentdeckung wichtige Gestalten wie Pinzón, Cabral, Coelho und selbst Kolumbus zeitweise in den Hintergrund treten ließ.»[88]

Am Beginn seines Briefes an Lorenzo di Pier Francesco de' Medici sagt Vespucci folgendes: Er sei von Regionen zurückgekehrt, die «man als eine neue Welt bezeichnen könnte, wo doch die Alten von diesen Gebieten keine Kenntnis besaßen und deren Existenz allen, die davon hörten, völlig neu ist. Denn in der Tat übersteigt dies die Vorstellungen der Menschen unserer Antike bei weitem, insofern der Großteil von ihnen meinte, es gäbe überhaupt kein Festland südlich des Äquators, sondern nur noch das Meer, welches sie Atlantik nannten; so erklärten sie doch mit vielen Argumenten, daß dieses Land nicht bewohnbar wäre. Daß aber diese ihre Vorstellung falsch ist und der Wahrheit in keiner Weise entspricht, hat diese meine letzte Seefahrt bewiesen, da ich in jenen südlichen Breiten einen Kontinent fand, der mit Völkern und Tieren dichter besiedelt ist als unser Europa oder Asien und Afrika, und darüber hinaus ein Klima, das gemäßigter und angenehmer ist als in irgendeiner anderen uns bekannten Weltgegend, wie Ihr weiter unten noch hören werdet.»[89] Zum Kontinent meint Vespucci: «Dort erkannten wir, daß dieses Land keine Insel, sondern ein Kontinent ist, da sich sowohl seine Küsten weithin erstrecken, ohne es jedoch zu umschließen [...].»[90] Man warf Vespucci vor, er habe Columbus die Show gestohlen und sich zu Unrecht den Ruhm angeeignet, der eigentlich Columbus zustehe.

Vespuccis Beschreibung der Tupinambá-Indianer in Brasilien «gehen in ihrer gesellschaftskritischen Tiefgründigkeit über alles hinaus, was Kolumbus und seine Zeitgenossen über die Indianer geäußert haben; solche Aussagen stehen am Anfang des vergleichenden europäischen Nachdenkens über den Gang der Menschheitsgeschichte, und es ist kein Zufall, wenn Thomas Morus, der Verfasser der ‹Utopia› (1516), sich auf Vespucci berufen hat».[91] In einem Schreiben an Piero Soderini, einen Jugendfreund und Beamten in Florenz, kommt Vespucci auf den Kannibalismus der Indianer zu sprechen, der seit Columbus' zweiter Reise bekannt war. Von hier aus war es ein zeitlich längerer Weg zu den Illustrationen in Theodor de Brys ‹India orientalis› vom Ende des 16. Jahrhunderts. Vespucci starb im Jahre 1512 als ‹piloto mayor› der Krone Kastiliens in Sevilla, also sechs Jahre nach Columbus, den er persönlich gekannt hatte. Columbus und Vespucci waren Männer sehr verschiedenen Charakters. Von allen Entdeckern seiner Zeit hat Vespucci seine Erfahrung und sein Wissen am besten verkauft, obwohl er es aus Gründen der Kompetenz nicht unbedingt verdiente. Vespucci jedenfalls hat Kenner der Materie überzeugt, so daß man ihm in übertriebener Weise Gehör schenkte. Und die Idee dazu kam von binnenländischen europäischen Gelehrten: Matthias Ringmann und Martin Waldseemüller. Beide gaben im Jahre 1507 in St. Dié in Lothringen eine Schrift mit dem Titel ‹Cosmographiae introductio› heraus. Es handelt sich dabei um eine kurzgefaßte Himmels- und Erdkunde, die sich im wesentlichen auf den antiken Geographen Claudius

Ptolemaeus stützt, aber auch aktuelle Entwicklungen bei der Veränderung des Erdbildes anspricht. Hierin heißt es: Die Erdteile Europa, Asien und Afrika seien «umfassender erforscht und ein anderer vierter Erdteil ist durch Americus Vesputius (wie im folgenden zu hören) entdeckt worden. Ich wüßte nicht, warum jemand mit Recht etwas dagegen einwenden könnte, diesen Erdteil nach seinem Entdecker Americus, einem Mann von Einfallsreichtum und klugem Verstand, Amerige, nämlich Land des Americus, oder America zu nennen, denn auch Europa und Asien haben ihren Namen nach Frauen genommen. Seine Lage und die Gebräuche seines Volkes sind aus den zweimal zwei Reisen (sic!) des Americus, die unten folgen, leicht zu erfahren. So ist die Erde in dieser Weise schon als in vier Erdteile unterteilt bekannt, und es sind die ersten drei Erdteile Kontinente, der vierte ist eine Insel, weil man gesehen hat, daß er überall von Meer umgeben ist.»[92] Allerdings bleibt festzuhalten, daß Vespucci den Begriff des ‹Mundus novus› nur auf Südamerika und nicht auf den gesamten amerikanischen Kontinent bezog, so daß sich die Auffassung, die Karibik und Mittelamerika seien Teile von Asien, bis zur Weltumseglung Magellans (1519–1522) hielt. Eine interessante, aber völlig überzogene Idee in Gelehrtenkreisen, die von der christlichen Seefahrt wenig verstanden. Waldseemüller nahm immerhin eine Revision vor, was in der Diskussion über die Namensgebung meist unterschlagen wird, nämlich auf seiner ‹Carta Marina› von 1516 den Namen ‹Mundus novus› (also ‹Neue Welt›) einzutragen; doch konnte er damit nicht verhindern, daß der Name Amerika im europäischen Diskurs präsent blieb. «Für eine Änderung war es aber zu spät.»[93] Aber damit war noch nicht gesagt, ob sich der Namensvorschlag mit seiner ‹klangvollen Prägnanz› auch durchsetzte. Wichtig war, daß Martin Waldseemüller im gleichen Jahr (1507) auch eine Weltkarte herstellte, auf welcher der neue Erdteil den Namen ‹America› trug, eingetragen im nördlichen Brasilien. Auch gleichzeitig hergestellte

Globusstreifen enthielten den Namen ‹America›. Die großformatige Weltkarte von 1507, im Holzschnittverfahren hergestellt, wurde übrigens erst am Beginn des 20. Jahrhunderts aufgefunden. Aber auf der ‹Carta marina› aus dem Jahre 1516 verwendete Waldseemüller anstelle des Namens ‹America› den Namen ‹Neue Welt›, d. h. er relativierte seine Namenserfindung.

Columbus hatte ja nie von einem Kontinent, einer ‹Neuen Welt› gesprochen – Vespucci am Anfang auch nicht, wie dargelegt worden ist. Deshalb verloren Columbus' Verdienste zunächst sehr an Bedeutung; darin liegt auch dessen Tragik. Der Unterschied zwischen Columbus und Vespucci liegt darin, daß ersterer für die Realisierung seiner Idee gelebt hat und Kapitän, letzterer nur Mitfahrer war und schon deshalb mehr Zeit zur Beobachtung und zur Dokumentation hatte, vor allem das Geschick besaß, publikumswirksame Berichte zu verfassen, ferner die Gabe hatte, den Lesern letztlich doch einen neuen Kontinent vorzustellen. Bei Columbus lag die Sache anders. Er mußte berichten – aus Rechenschaftsgründen und um weiter beauftragt zu werden. Aber vieles, das erst seine Söhne bekannt machen sollten, behielt er aus naheliegenden Gründen auch für sich.

Bei der ‹Neuen Welt› handelte es sich – das waren die Erwartungen und Erkenntnisse – sehr bald um das größte Gebiet der Missionierung seit der Antike. Es war das Einzigartige der Erfahrungen und der Reichtümer, die in den frühen Werken über den Neuen Kontinent zum Ausdruck kommt. Ein eindrucksvolles Beispiel dafür ist Petrus Martyr d'Anghiera (Anglería) mit seinem Werk ‹De Orbe Novo› aus dem Jahre 1516, wo es in der Widmung an Papst Leo X. in

Martin Waldseemüller, Weltkarte, 1507. Die Summe der damals verfügbaren Kenntnis der Erde ein Jahr nach Columbus' Tod. Die kleinen Hemisphärenkarten symbolisieren durch die Bilder von Claudius Ptolemaeus und Amerigo Vespucci die ‹Alte› (Europa, Afrika, Asien) und ‹Neue Welt› (Amerika).

enthusiastischer Weise heißt: «Unser Neuer Kontinent aber liefert und bringt ununterbrochen täglich neue Schöpfungen hervor. Dadurch wird den Gelehrten und den Männern, welche die jüngsten Entdeckungen studieren, in einem fort Material geboten, an dem sie ihren Geist betätigen können.»[94]

‹America› ist ein von Europäern erfundener Name; der Begriff ‹Neue Welt›, ebenfalls aus europäischer Perspektive hervorgegangen, sollte sich letztlich nicht durchsetzen. Es ist sehr bezeichnend, daß von europäischer Seite der Name für einen eigenen Kontinent bestimmt wurde – später, im 18. Jahrhundert, für Australien (abgeleitet von der europäischen Vorstellung eines Süd- bzw. Australkontinents) wiederum. Amerika, ein Name, der für jenen Kontinent steht, den die Europäer entdeckt oder wieder entdeckt haben, falls man sich einen Kontinent vom Nord- zum Südpol, die heutigen ‹Americas› vorstellt, was am Anfang nicht eindeutig gewesen ist. Interessant ist der schon erwähnte Inselcharakter, der von Waldseemüller 1507 festgestellt worden war, im Gegensatz zu den in ihren Landmassen zusammenhängenden ‹alten Kontinenten› Europa, Asien und Afrika. Betrachtet man Amerika als Kontinent, so war Columbus nur ein Wiederentdecker – nach den Wikingern und vielleicht chinesischen Flotten, vor allem zu Beginn der Ming-Dynastie Anfang des 15. Jahrhunderts an der Pazifikküste, vielleicht auch an der Atlantikküste. Letzteres dürfte allerdings eher unwahrscheinlich sein.

Günther Hamann zeigte in instruktiver Weise auf, daß sich der Name Amerika letztlich erst seit Abraham Ortelius (1570) und im 17. Jahrhundert endgültig durchsetzte. Aber wieso setzte sich der Name überhaupt durch? Oscar Peschel meinte 1858, «der Name ‹Amerika› hätte sich nie so standhaft gegen das, wenigstens in späterer Zeit, bessere Wissen um die historische Wahrheit der Entdeckung behaupten können, wenn er nicht dem Gehör gefällig gewesen wäre und in eine klangsymmetrische Harmonie zu den Namen der alten Erdteile getreten wäre [...].»[95] Das Überraschende der Namensgebung sieht Hamann in einem anderen Faktum: «In einer Zeit aber, da mächtige seefahrende Nationen die Weltmeere entschleierten und unzählige Köpfe in den großen Welt- und Hafenstädten Neues planten und schilderten, – in einer solchen Zeit hätte es wohl niemand erwartet, daß ausgerechnet ein binnendeutscher Gymnasialprofessor aus Freiburg im Breisgau durch die Buchdruckerei eines behaglichen Vogesenstädtchens [gemeint ist St. Dié] eine von ihm dann gewissenhafterweise sogar widerrufene Entwicklung auslösen würde, welche ohne sein weiteres Zutun, gewissermaßen aus sich selbst heraus, seinen einst mehr beiläufig gemachten Vorschlag zur Annahme durch die gesamte Menschheit bringen sollte.»[96]

Siebtes Kapitel

Europa um 1500: Am Beginn seiner Weltgeltung?

Die Bedeutung von Christoph Columbus' ‹Entdeckung› im Zuge des Ausgleichs handelspolitischer Nachteile Europas gegenüber Asien

Immanuel Wallerstein hat Anfang der 1980er Jahre gemeint: «Im späten 15. und frühen 16. Jahrhundert tauchte ein historisches Novum auf; es entstand das, was man eine europäische Weltwirtschaft nennen kann.» Sie sei zwar nicht die einzige Weltwirtschaft gewesen, aber «nur Europa begab sich auf den Weg kapitalistischer Entwicklung, die es ihm möglich machte, die anderen auszustechen», und zwar deshalb, weil «die Verbindung zwischen den Teilen des Systems vor allem eine ökonomische» war.[97] Für das 16. Jahrhundert gilt jedenfalls die Feststellung Wallersteins, daß die europäische Expansion nicht nur eine geographische, sondern auch eine ökonomische gewesen ist, «gekennzeichnet durch die Einrichtung eines regelmäßigen Handels zwischen Europa und dem Rest der Welt».[98] Wie aber stand es um das 15. Jahrhundert, die Epoche davor, die Wallerstein als ‹Vorspiel› eines ‹kapitalistischen Weltsystems› betrachtete?

Es wurde zu zeigen versucht, aus welchen Gründen die portugiesische Expansion im Atlantik sowie nach Afrika begonnen hatte, wobei es im Hinblick auf letzteres zunächst wohl um Westafrika, dessen Küsten, aber auch dessen Landesinnere ging. Aufbauend auf den mittelalterlichen Erfahrungen der Conquista auf der Iberischen Halbinsel und unterstützt durch die italienischen Seerepubliken und ihre langjährigen Aktivitäten seit den Kreuzzügen im Orient, wurde Afrika zum ersten Experimentierfeld der europäischen Expansion portugiesischer Prägung, von der sich viele, auch Columbus, beeindrucken ließen.

Welche Erfahrungen konnten die Portugiesen in Afrika und im Atlantik sammeln? Sie mußten hier sehr rasch die

Schwierigkeiten erkennen, sich gegen muslimische Gesellschaften und Herrschaften durchzusetzen; nur unter nachhaltigen militärischen Anstrengungen war es möglich, sich auf Dauer behaupten zu können. Im Gegensatz dazu war es wesentlich leichter, auf schwarzafrikanische Gesellschaften und Herrschaften einzuwirken. Gerade diese Erfahrungen waren wichtig für die Zukunft jeglicher Art europäischer Expansion, wenn es darum ging, schwächeren Bevölkerungen gegenüber Macht und Einfluß zu gewinnen, um eigene Interessen durchzusetzen. Bei resistenten Gesellschaften und Herrschaften verhielt es sich anders. Wäre Columbus wirklich nach Asien gelangt, so hätte man ihm wohl sehr rasch seine schwache Position deutlich gemacht, etwa in Japan oder in China, wie dies Jahrzehnte später den Portugiesen widerfuhr. Mit anderen Worten: Es wäre ihm etwa kaum möglich gewesen, Land in Besitz zu nehmen.

Ein Ausdruck der nautischen und militärischen Überlegenheit der Europäer in Afrika war der beginnende Sklavenhandel mit schwarzen Bevölkerungen. Natürlich ist die Sklaverei wesentlich älter – sie reicht in die Antike und das Mittelalter zurück –, aber nun wird ein ‹qualitativer Sprung› sichtbar: Es ging um die Nachhaltigkeit, den ständigen Zugang zu ‹Sklavenmärkten›, um den regelmäßigen Handel mit Sklaven, die eine ganz neuartige Lösung von ‹Nachschubproblemen› und die Versorgung des portugiesischen Marktes ermöglichten.

Die eigentliche Bedeutung von Columbus liegt darin, daß er aufgrund seines ‹tragischen Irrtums› nicht Asien erreichte, sondern die ‹Neue Welt› bzw. Amerika entdeckte, auch wenn er selbst dieses Faktum letztlich wohl nicht realisiert hat. Mit Columbus begann etwas ganz Neues und Folgenreiches für die europäische Expansion, es ergab sich eine Ausbreitungsmöglichkeit neuer Dimension. Und auch hier erfolgt die Kenntnisnahme – die Begegnung und der spätere Kulturkonflikt – in einer Region, der sich die Europäer in militärischer und zivilisatorischer Hinsicht überlegen fühlten. Was wäre gewesen, wäre Columbus in portugiesischen Diensten gefahren? Hieronymus Münzer sah darin noch 1493 für König Johann II. die einmalige Chance, zu einem ‹zweiten Herkules› zu werden.[99] Alles hätte sich wohl anders entwickelt, auch die Rivalität zwischen Kastilien und Portugal. Hätte Kastilien je aufholen können oder hätte sich Portugal ähnlich oder ganz anders, im Sinne des Faktoreisystems, d. h. einer Vielzahl von befestigten Handelsstützpunkten, um die neuentdeckten Inseln gekümmert wie Kastilien im Falle von Columbus und seinen Nachfolgern? Hätten die portugiesischen Könige Kastilien der Möglichkeit beraubt, im Atlantik weiter auszugreifen, oder wären die Katholischen Könige gerade deshalb aktiv geworden? Fragen über Fragen, die kaum schlüssig zu beantworten sind.

Gab Europa «damals seine mittelalterliche Selbstgenügsamkeit und seine herkömmlichen Grenzen auf?» Rainer Beck beantwortet seine selbst gestellte Frage folgendermaßen: «In einer eigentümlichen Mischung von christlichem Missionsgedanken, Herrschsucht und Profitgier waren Italiener, Portugiesen und Spanier in See gestochen, um bald nach der ganzen Welt – einer den Europäern bislang wenig, wenn nicht unbekannten Welt – zu greifen.»[100]

Von großer Bedeutung ist die Koinzidenz von zwei Richtungen der europäischen Expansion am Ende des 15. Jahrhunderts: der Auffindung des östlichen Seeweges nach Indien (und Südostasien) durch Vasco da Gama und des von Columbus und sehr bald auch von anderen Seefahrern eingeschlagenen Westweges, der nach Asien führen sollte, aber die ‹Neue Welt› bzw. Amerika in Erscheinung treten ließ. Gleichzeitig trat Afrika immer mehr in den Hintergrund; es blieb von untergeordneter handelspolitischer Bedeutung, Ostafrika kam nur die Funktion einer ‹Zwischenstation› auf dem Weg nach Indien zu. Nicht zufällig war den Portugiesen aus strategischen und machtpolitischen Gründen nichts anderes möglich, als eine Reihe von Handelsstützpunkten, ein Faktoreisystem, zu etablieren. In Amerika hingegen boten sich der spanischen Expansion weitreichendere Möglichkeiten. Hatte Columbus noch an eine Kombination von Handelsstützpunkten und Siedlungsgebieten gedacht, so wurde der amerikanische Kontinent, von der Karibik ausgehend, über Mittel- und Südamerika für die spanische Monarchie das größte Siedlungs- und Missionsgebiet seit der Antike – mit einmaligen Möglichkeiten! Das haben schon viele Zeitgenossen so klar gesehen. Somit war Amerika einer europäischen Kolonisation und Christianisierung ausgesetzt. Darin liegt die weltgeschichtliche Bedeutung der ‹Entdeckung› von Christoph Columbus.

Entsteht für Europa eine globale Vorteilsposition gegenüber Afrika, Asien und Amerika?

Es konnte gezeigt werden, daß das Chinesische Reich im frühen 15. Jahrhundert offenbar den ambitiösen Versuch unternahm, maritime Präsenz und vielleicht auch Dominanz in Asien zu suchen bzw. wiederherzustellen. Doch endete dieser Versuch der ersten Ming-Kaiser, das verlorene Prestige der späten Mongolenherrschaft in China wiederherzustellen, in den 1430er Jahren. Das war eine nicht zu unterschätzende Entwicklung, welche die Europäer begünstigen mußte, ihren maritimen und handelspolitischen Einfluß im Indischen Ozean und wenig später in Südostasien zu begründen. Ein Gegner blieb allerdings: die arabischen Handelsflotten, die Indien und darüber hinaus auch die südasiatische Inselwelt anliefen, deren Bedeutung im Zuge der portugiesischen Präsenz im Indischen Ozean allerdings marginalisiert werden sollte.

Im Atlantik hingegen gab es keine Konkurrenz für die ‹christliche Seefahrt›, vielmehr behinderten sich die west- und südeuropäischen Handelsnationen und Handelsflotten gegenseitig, wobei Portugal und Kastilien ihre Dominanz zunächst sichern konnten. Nur gelegentlich gab es auch englische und französische Fahrten im Atlantik bis zum amerikanischen Kontinent. Der Aspekt der Irreversibilität der europäischen Expansion ist am ehesten im Falle Amerikas angebracht. Hier setzte wohl von Anfang an eine Entwicklung zugunsten einer nachhaltigen Europäisierung altamerikanischer Gesellschaften und Reiche ein, vor allem in den ersten drei Jahrzehnten des 16. Jahrhunderts, als auch die größten und am besten organisierten ‹Großreiche› – das mexikanische Aztekenreich und das andinische Inkareich – Opfer der europäischen Expansion und Invasion werden sollten. Die nachmaligen Aufstände gegen die spanische Herrschaft – vor allem in Peru – konnten von den spanischen Herrschern jedes Mal niedergeworfen werden.

Auf dem amerikanischen Kontinent – in Mittel- und Südamerika – nahmen Spanien und Portugal (in Brasilien) für längere Zeit – bis ins späte 16. Jahrhundert – dominante Herrschaftspositionen ein, die gegenüber den Expansionsversuchen anderer europäischer Nationen wie Frankreichs, der Niederlande und Englands resistent blieben. Damit war auch die Verfügbarkeit über die Reichtümer Amerikas zunächst für Spanien und Portugal gegeben. Die Zugriffe auf Edelmetalle und Nutzpflanzen, um nur die wichtigsten Bereiche zu nennen, stellten die entscheidenden Faktoren für die globale Vorteilsposition Europas dar.

Dort, wo Europäer auf Schwächere trafen, wie in Afrika, Amerika und auch teilweise in Asien, fühlten sie sich den indigenen Bevölkerungen überlegen und spielten dieses Gefühl der Überlegenheit konsequent aus. Diese Haltung führte in der Regel zu Kolonisation, wirtschaftlicher Ausbeutung sowie Missionierung und hatte eine Vielzahl neuer Untertanen zur Folge. Allerdings gelang dies nur in unterschiedlicher Weise; so scheiterte in Afrika das portugiesische ‹Kongoprojekt›, und in Indien und auf den Gewürzinseln Südostasiens kamen die Portugiesen über ein System von Handelsstützpunkten nicht hinaus. In Japan und China hatten Europäer hingegen bis zum 19. Jahrhundert kaum Chancen, sich auf Dauer festzusetzen.

Nur in Amerika verlief die Entwicklung anders – sie war zugleich entscheidend und zukunftsweisend für die entstehende globale Geltung Europas. Dort, und das erkannten schon die Zeitgenossen, existierte das größte Kolonisations- und Missionsterrain seit der Antike! Auch Portugal schlug hier den Weg der Kolonisierung und Missionierung ein, wie das Beispiel Brasiliens zeigt, weil die Krone berechtigterweise Angst vor der dauerhaften Konkurrenz anderer europäischer Nationen – Frankreichs, der Niederlande, Englands – hatte, die sich immer wieder um die Errichtung von Stützpunkten bemühten. Hier waren die Europäer unter sich, hier bestand seitens der indigenen Bevölkerungen keine machtpolitische Konkurrenz. Jedenfalls war diese seit der Zerstörung des Azteken- und Inkareiches auf ein Minimum gesunken. In Asien dagegen gab es die Schwierigkeit, dem chinesischen Handel Konkurrenz machen zu müssen. Den arabischen Handel haben die Portugiesen ja ruinieren können. Trotzdem sollte man die ‹nautische Dichte›, d. h. die jährlichen Flottenbewegungen der Europäer, speziell in Asien nicht überschätzen.

Letztlich scheint es entscheidend gewesen zu sein, daß im christlichen Europa ein Weltverständnis und eine Einheitsvorstellung von der Erde vorhanden waren, die den Willen zur Expansion implizierten. Sie stimmten mit dem Bibelwort, sich die Erde ‹untertan zu machen›, überein. Darin besteht offenbar auch die Dynamik der Offenbarungsreligionen des Christentums und des Islams. Wie diese Haltungen sich von den in China praktizierten unterschieden, wäre nur durch einen genauen interkulturellen Vergleich zu untersuchen, der hier nur angeregt werden kann.

Die portugiesischen Könige wußten jedenfalls nur zu gut, warum sie sich vom Papst den Charakter der Ausschließlichkeit ihrer Expansion zusprechen ließen, denn zu Recht fürchteten sie die Konkurrenz anderer europäischer Mächte, vor allem Kastiliens, im Atlantischen Ozean. War die Irreversibilität der Außenbeziehungen Europas um 1500, im

Sinne einer Abkehr von der durch Portugal und Kastilien begonnenen Expansionen, noch gegeben? Seit der Entdeckung Amerikas wohl nicht mehr, denn dieser den Europäern nun bekanntgewordene Kontinent bot über die handelspolitischen Vorteile und den damit verbundenen gewinnorientierten Handel mit der Entwicklungsmöglichkeit zum ‹Handelskapitalismus› hinaus die Möglichkeit zur Etablierung eines neuen, d. h. längerfristigen und konkurrierenden Kolonialismus. Dieser sollte die Zukunft der europäischen Präsenz in der Welt prägen. Er enthielt in seinen Anfängen allerdings viel weniger kapitalistische Tendenzen in dem Sinne, daß die Gewinne Kastiliens in Amerika im eigenen Land nicht direkt kapitalisiert wurden, sondern in der Regel vielmehr zur Finanzierung einer ausgreifenden Politik in Europa Verwendung fanden bzw. finden mußten. Die Zukunft jedenfalls, mit anderen Worten die Epochen seit dem 16. Jahrhundert, waren von der Konkurrenz zwischen Portugal, Kastilien bzw. Spanien, den Niederlanden, England und Frankreich geprägt. Und gerade die zunehmenden innereuropäischen Konflikte stellen das entscheidende dynamische Element bei der Ausbildung einer ‹europäischen Weltwirtschaft› dar.

Anhang

Anmerkungen

1 Vgl. etwa die Werbung der italienischen Tageszeitung ‹Corriere de la Sera› im Jahre 2004 für eine Weltgeschichte.

2 Miles H. *Davidson*, Columbus Then and Now. A Life Reexamined, Norman/Oklahoma 1997.

3 Alexander *von Humboldt*, Kosmos, hrsg. von Hanno *Beck*, Stuttgart 1978, S. 376.

4 Urs *Bitterli*, Die Entdeckung Amerikas. Von Kolumbus bis Alexander von Humboldt, München 1991, S. 86.

5 Ebenda, S. 87.

6 Günther *Hamann*, Christoph Columbus zwischen Mittelalter und Neuzeit – Nachfahre und Wegbereiter, in: *Ders.*, Die Welt begreifen und erfahren. Aufsätze zur Wissenschafts- und Entdeckungsgeschichte, hrsg. von Johannes *Dörflinger* u. a., Wien 1993, S. 259–284, hier S. 277.

7 Ebenda, S. 277.

8 Paolo Emilio *Taviani*, Das wunderbare Abenteuer des Christoph Kolumbus, Leipzig 1991, S. 283.

9 Hans *Bankl*, Kolumbus brachte nicht nur die Tomaten. Geschichten hinter der Geschichte, München 2004.

10 Carlos *Fuentes*, Der vergrabene Spiegel. Die Geschichte der hispanischen Welt, Hamburg 1992, S. 9.

11 Lucio *Russo*, Die vergessene Revolution oder die Wiedergeburt des antiken Wissens, Berlin/Heidelberg 2005.

12 Christoph *Auffahrt*, Neue Welt und Neue Zeit – Weltkarten und Säkularisierung in der Frühen Neuzeit, in: Expansionen in der Frühen Neuzeit, hrsg. von Renate *Dürr*, Gisela *Engel*, Johannes *Süßmann*, Zeitschrift für Historische Forschung, Beiheft 34, Berlin 2005, S. 43–68, hier S. 45.

13 Einführung zum Band Expansionen in der Frühen Neuzeit, hrsg. von Renate *Dürr*, Gisela *Engel*, Johannes *Süßmann*, Zeitschrift für Historische Forschung, Beiheft 34, Berlin 2005, S. 16.

14 Das Folgende zit. nach Richard *Hennig*, Columbus und seine Tat, Bremen 1940, S. 181 f.

15 Ebenda, S. 66 ff.

16 Zit. nach Andreas *Venzke*, Christoph Kolumbus, 3. Aufl., Reinbek 2004, S. 36.

17 Lucio *Russo*, Die vergessene Revolution, S. 77.

18 Ebenda., S. 312.
19 Biblioteca de Colón II: Pierre d'Ailly, Ymago Mundi y otros opúsculus, hrsg. von Antonio *Ramírez de Verger*, Madrid 1992, S. 39, 43, 222 ff.
20 *Venzke*, Kolumbus, S. 34.
21 Zit. nach *Hennig*, Columbus, S. 137.
22 Zit. nach ebenda, S. 186.
23 Zit. nach Salvador de *Madariaga*, Kolumbus. Entdecker neuer Welten, 2. Aufl., Wiesbaden 1973, S. 182.
24 Zit. nach Ernst Gerhard *Jacob*, Christoph Columbus, Bordbuch – Briefe – Berichte – Dokumente, Bremen 1956, S. 55.
25 Zit. nach *Madariaga*, Kolumbus, S. 204.
26 Zit. nach *Jacob*, Columbus, S. 336.
27 Zit. nach *Madariaga*, Kolumbus S. 214.
28 *Schmitt*, Dokumente zur europäischen Expansion Bd. 2, München 1984, S. 108 f. – Ebenso wie der Vertrag der Krone mit Columbus vom 17. April 1492.
29 Zit. nach *Madariaga*, Kolumbus, S. 223.
30 Zit. ebenda, S. 11.
31 *Hamann*, Christoph Columbus, S. 260.
32 *Venzke*, Kolumbus, S. 136.
33 Biblioteca de Colón IV: Cristóbal Colón, Libro de las profecías, hrsg. von Juan *Fernández Valverde*, Madrid 1992.
34 Christoph Kolumbus: Entdeckungsfahrten (Reiseberichte von der zweiten, dritten und vierten Entdeckungsfahrt nach Amerika 1493–1506), Zürich/Leipzig 1943, S. 134.
35 Ebenda, S. 136.
36 Ebenda, S. 250.
37 *Jacob*, Columbus, S. 29 f.
38 Biblioteca de Colón III: Eneas Silvio Piccolomini (Papa Pío II), Descripción de Asia, hrsg. von Francisco *Socas*, Madrid 1992, S. 7.
39 Jürgen *Osterhammel*, Asien. Geschichte im euroasiatischen Zusammenhang, in: Oldenbourg Geschichte – Lehrbuch. Frühe Neuzeit, hrsg. von Anette *Völker-Rasor*, München 2000, S. 433.
40 Marina *Münkler*, Marco Polo. Leben und Legende, München 1998, S. 49.
41 Marco *Polo*, Il milione. Die Wunder der Welt, hrsg. von Elise *Guignard*, 6. Aufl., Zürich 1994, S. 7 f.
42 Marco *Polo*, Il milione, S. 152.
43 Ebenda, S. 153.
44 Ebenda, S. 245.
45 Ebenda, S. 246.
46 Ebenda, S. 247.

47 Ebenda, S. 249.
48 Ebenda, S. 277 f.
49 Jacques *Gernet*, Die chinesische Welt. Die Geschichte Chinas von den Anfängen bis zur Jetztzeit, Frankfurt am Main 1988, S. 336.
50 Marco *Polo*, Il milione, S. 273.
51 Uwe *Schnall*, Navigationstechnische Voraussetzungen der Entdekkungsfahrten im 15. Jahrhundert, in: Anzeiger des Germanischen Nationalmuseums und Berichte aus dem Forschungsinstitut für Realienkunde, Nürnberg 1991, S. 42.
52 Wolfgang *Reinhard*, Geschichte der europäischen Expansion, Bd. 1: Die Alte Welt bis 1818, Stuttgart 1983, S. 36.
53 Michael *Mitterauer*, Warum Europa? Mittelalterliche Grundlagen eines Sonderwegs, München 2003, S. 200.
54 Ebenda, S. 233.
55 Ebenda, S. 148.
56 *Jacob*, Columbus, S. 168.
57 Pierre *Bertraux*, Afrika, Von der Vorgeschichte bis zu den Staaten der Gegenwart, Fischer Weltgeschichte Bd. 32, Frankfurt am Main 1966, S. 17.
58 Zit. nach ebenda, S. 49.
59 Biblioteca de Colón II: Pierre d'Ailly, Ymago Mundi y otros opúsculus, hrsg. von Antonio *Ramírez de Verger*, Madrid 1992, S. 40.
60 Zit. nach Wolfgang *Reinhard*, Geschichte der europäischen Expansion, Bd. 1, S. 42.
61 Zit. nach ebenda, S. 42.
62 *Schmitt*, Dokumente zur europäischen Expansion, Bd. 1, S. 209.
63 Ebenda, S. 225.
64 Ebenda., S. 223 f.
65 Ebenda., S. 235.
66 *Jacob*, Columbus, S. 148.
67 Ebenda, S. 123.
68 Ebenda, S. 152.
69 Ebenda, S. 90.
70 *Reinhard*, Geschichte der europäischen Expansion, Bd. 1, S. 49.
71 *Schmitt*, Dokumente zur Geschichte der europäische Expansion, Bd. 2, S. 101.
72 *Bertraux*, Afrika, S. 129.
73 *Jacob*, Columbus, S. 114.
74 Ebenda, S. 79.
75 Ebenda, S. 82.
76 *Bitterli*, Die Entdeckung Amerikas, S. 60.
77 *Jacob*, Columbus, S. 91.

78 Ebenda, S. 89 f.
79 Ebenda, S. 90 f.
80 Ebenda, S. 132.
81 Ebenda, S. 94.
82 Ebenda, S. 118 f.
83 Cristóbal Colón, Incógnitas de su muerte 1506–1902. Primeros Almirantes de las Indias, 2 Bde., hrsg. von Anunciada *Colón de Carvajal* und Guadalupe *Chocano*, Madrid 1992.
84 Lateinisches Zitat aus Senecas Medea, leicht variiert bei Hernan *Colón*, Historia del Almirante, hrsg. von Manuel *Carrera Díaz*, Barcelona 2003, S. 51 f., die deutsche Übersetzung bei *Morison*, Admiral des Weltmeeres, S. 54.
85 *Bitterli*, Die Entdeckung Amerikas, S. 89.
86 Ebenda, S. 89 f.
87 Kolumbus. Der erste Brief aus der Neuen Welt. Lateinisch/Deutsch. Mit dem spanischen Text des Erstdrucks im Anhang, übersetzt und hrsg. von Robert *Wallisch*, Stuttgart 2000, S. 37 f.
88 *Bitterli*, Die Entdeckung Amerikas, S. 117.
89 Zit. nach Robert *Wallisch*, Der Mundus Novus des Amerigo Vespucci, S. 13.
90 Ebenda, S. 15.
91 *Bitterli*, Die Entdeckung Amerikas, S. 115.
92 Zit. nach *Schmitt*, Dokumente zur europäischen Expansion, Bd. 2, Nr. 3, S. 17.
93 Günther *Hamann*, Ein Überblick über Entstehung und Quellen des Namens ‹Amerika›, in: *Ders.*, Die Welt begreifen und erfahren. Aufsätze zur Wissenschafts- und Entdeckungsgeschichte, hrsg. Von Johannes *Dörflinger* u. a., Wien 1993, S. 23–37, hier S. 31.
94 Zit. nach *Bitterli*, Die Entdeckung Amerikas, S. 92.
95 Zit. nach *Hamann*, ‹Amerika›, S. 37.
96 Ebenda, S. 37.
97 Immanuel *Wallerstein*, Das moderne Weltsystem I: Die Anfänge kapitalistischer Landwirtschaft und die europäische Weltökonomie im 16. Jahrhundert, Wien 2004, S. 27, 29. (Amerikanische Originalausgabe 1980.)
98 Ebenda, S. 130.
99 Brief an den portugiesischen König, Nürnberg, 14. Juli 1493, zit. nach *Jacob*, Columbus, S. 45.
100 Rainer *Beck*, 1492. Die Welt zur Zeit des Kolumbus. Ein Lesebuch, München 1992, S. 9.

Bibliographie

Ausgewählte Literatur zu Christoph Columbus

Mascarenhas *Barreto,* The Portuguese Columbus. Secret Agent of King John II, London 1992.

Biblioteca de Colón I: El libro de Marco Polo, las apostillas a la Historia natural de Plinio el Viejo, hrsg. von Juan *Gil,* Madrid 1992.

Biblioteca de Colón II: Pierre d'Ailly, Ymago Mundi y otros opúsculus, hrsg. von Antonio *Ramírez de Verger,* Madrid 1992.

Biblioteca de Colón III: Eneas Silvio Piccolomini (Papa Pío II), Descripción de Asia, hrsg. von Francisco *Socas,* Madrid 1992.

Biblioteca de Colón IV: Cristóbal Colón, Libro de las profecías, hrsg. von Juan *Fernández Valverde,* Madrid 1992.

Klaus *Brinkbäumer,* Clemens *Höges,* Die letzte Reise. Der Fall Columbus, München 2004.

Cristóbal Colón, Incógnitas de su muerte 1506–1902. Primeros Almirantes de las Indias, 2 Bde., hrsg. von Anunciada *Colón de Carvajal* und Guadalupe *Chocano,* Madrid 1992.

Segundo Viaje de Colón. Nueva documentación, análisis histórico y linguistico, hrsg. von Jesús *Varela Marcos* und Micaela *Carrera de la Red,* Valladolid 1998.

Hernan *Colón,* Historia del Almirante, hrsg. von Manuel *Carrera Díaz,* Barcelona 2003.

Miles H. *Davidson,* Columbus Then and Now. A Life Reexamined, Norman/Oklahoma 1997.

Oswald *Dreyer-Eimbcke,* Kolumbus. Entdeckungen und Irrtümer in der deutschen Kartographie, Frankfurt am Main 1991.

Oliver *Dunn,* James E. *Kelley* (Hrsg.), The Diario of Christopher Columbus' First Voyage to America 1492–1493, London 1991.

Felipe *Fernández-Armesto,* Columbus, New York 1991.

Robert H. *Fuson* (Hrsg.), Das Logbuch des Christoph Kolumbus, Bergisch Gladbach 1989.

Hans-Günter *Gierloff-Emden,* Die erste Entdeckungsreise des Columbus. Nautische und ozeanische Bedingungen, Münchener Geographische Abhandlungen, Reihe B, Bd. 19, München 1994.

Günther *Hamann,* Christoph Columbus zwischen Mittelalter und Neuzeit – Nachfahre und Wegbereiter, in: *Ders.*, Die Welt begreifen und erfahren. Aufsätze zur Wissenschafts- und Entdeckungsgeschichte, hrsgg. Von Johannes *Dörflinger* u. a., Wien 1993, S. 259–284.

Richard *Hennig*, Columbus und seine Tat, Bremen 1940.

José Antonio *Hurtado*, Colón y la carta templaria, Madrid 2005.

Ernst Gerhard *Jacob*, Christoph Columbus, Bordbuch – Briefe – Berichte – Dokumente, Bremen 1956.

James E. *Kelley*, In the Wake of Columbus on a Portolan Chart, in: In the Wake of Columbus. Islands and Controversy, hrsg. von Louis *De Vorsey, Jr.* und John *Parker*, Detroit 1985, S. 77–111.

Christoph Kolumbus: Entdeckungsfahrten (Reiseberichte von der zweiten, dritten und vierten Entdeckungsfahrt nach Amerika 1493–1506), Zürich/Leipzig 1943.

Kolumbus. Der erste Brief aus der Neuen Welt. Lateinisch/Deutsch. Mit dem spanischen Text des Erstdrucks im Anhang, übersetzt und hrsg. von Robert *Wallisch*, Stuttgart 2000.

Salvador de *Madariaga*, Kolumbus. Entdecker neuer Welten, 2. Aufl., Wiesbaden 1973.

Samuel Eliot *Morison*, Admiral des Weltmeeres. Das Leben des Christoph Columbus, Bremen/Horn 1948.

Ders. (Hrsg.), Cristoforo Colombo. Journals and other Documents on the Life and Voyages of Christopher Columbus, New York 1963.

George E. *Nunn*, The Geographical Conceptions of Columbus. A Critical Consideration of Four Problems, New York 1924, Neuausgabe New York 1992.

Ders., Marinus of Tyre's Place in the Columbus Concepts, in: Imago Mundi 2, 1937, S. 27–35.

John *Parker*, The Columbus Landfall Problem: A Historical Perspective, in: In the Wake of Columbus. Islands and Controversy, hrsg. von Louis *De Vorsey, Jr.* und John *Parker*, Detroit 1985, S. 1–28.

Alfred *Stückelberger*, Kolumbus und die antiken Wissenschaften, in: Archiv für Kulturgeschichte 69, 1987, S. 331–340.

Paolo Emilio *Taviani*, Das wunderbare Abenteuer des Christoph Kolumbus, Leipzig 1991.

Ders. (Hrsg.), Christopher Columbus. Accounts and Letters of the Second, Third and Fourth Voyages, Rom 1994.

René *Tebel*, Was sah Kolumbus, als er die Karibik sah? Zu den Hintergründen eines Irrtums, in: Bernd *Hausberger*, Gerhard *Pfeisinger* (Hrsgg.), Die Karibik. Geschichte und Gesellschaft 1492–200, Edition Weltregionen, Bd. 11, Wien 2005, S. 19–28.

Andreas *Venzke*, Christoph Kolumbus, 3. Aufl., Reinbek 2004.

Jakob *Wassermann*, Christoph Columbus, der Don Quichote des Ozeans. Ein Porträt, Berlin 1929.

Luisa Isabel *Álvarez de Toledo*, África versus América. La fuerza del paradigma, Cordoba 2000.

Hans *Bankl*, Kolumbus brachte nicht nur die Tomaten. Geschichten hinter der Geschichte, München 2004.

Rainer *Beck*, (Hrsg.), 1492. Die Welt zur Zeit des Kolumbus. Ein Lesebuch, München 1992.

Thomas *Beck*, Ist der Faden gerissen? Die ‹europäische Geschichte› im Konflikt mit ‹neuer Ethnizität› und ‹Globalisierung›, in: Thomas *Beck* u. a. (Hrsgg.), Überseegeschichte. Beiträge der jüngeren Forschung. Festschrift anläßlich der Gründung der Forschungsstiftung für vergleichende europäische Überseegeschichte 1999 in Bamberg. Beiträge zur Kolonial- und Überseegeschichte, hrsg. von Rudolf *von Albertini* und Eberhard *Schmitt*, Stuttgart 1999, S. 1–20.

Xoán *Bernárdez Vilar*, Antes da invención de América. As descubertas precolumbinas do século XV, Vigo 2001.

Pierre *Bertraux*, Afrika. Von der Vorgeschichte bis zu den Staaten der Gegenwart, Fischer Weltgeschichte Bd. 32, Frankfurt am Main 1966.

Urs *Bitterli*, Die Entdeckung Amerikas. Von Kolumbus bis Alexander von Humboldt, München 1991.

Charles Ralph *Boxer*, The Portuguese Seaborne Empire 1415–1825, London 1969.

Fernand *Braudel*, Das Mittelmeer und die mediterrane Welt in der Epoche Philipps II., 3 Bde., Frankfurt am Main 1998. Französische Originalausgabe 1949.

Ders., Europäische Expansion und Kapitalismus 1450–1650, in: Universalgeschichte, Neue Wissenschaftliche Bibliothek, Bd. 72, hrsg. von Ernst *Schulin*, Köln 1974, S. 255–294.

Claude *Cahen*, Der Islam I. Vom Ursprung bis zu den Anfängen des Osmanischen Reiches, Fischer Weltgeschichte Bd. 14, Frankfurt am Main 1968.

Franco *Cardini*, Europa 1492. Ein Kontinent im Aufbruch, München 1989.

Friedrich *Edelmayer*, Peter *Feldbauer*, Marija *Wakounig* (Hrsgg.), Globalgeschichte 1450–1620, Wien 2002.

Friedrich *Edelmayer*, Erich *Landsteiner*, Renate *Pieper* (Hrsgg.), Die Geschichte des europäischen Welthandels und der wirtschaftliche Globalisierungsprozeß, Wien/München 2001.

Detlev *Ellmers*, Uwe *Schnall*, Schiffbau und Schiffstypen im mittelalterlichen Europa, in: Europäische Technik im Mittelalter, 800–1200. Tradition und Innovation. Ein Handbuch, hrsg. von Uta *Lindgren*, Berlin 1996, S. 353–369.

Ainslie T. *Embee*, Friedrich *Wilhelm*, Indien. Geschichte des Subkontinents von der Induskultur bis zum Beginn der englischen Herrschaft, Fischer Weltgeschichte Bd. 17, Frankfurt am Main 1967.
Steven A. *Epstein*, Genoa and the Genoese. 928–1528, Chapel Hill/ London 1996.
Expansionen in der Frühen Neuzeit, hrsg. von Renate *Dürr*, Gisela *Engel*, Johannes *Süßmann*, Zeitschrift für Historische Forschung, Beiheft 34, Berlin 2005.
Peter *Feldbauer*, Estado da India. Die Portugiesen in Asien, 1498–1620. Expansion, Interaktion, Akkulturation. Historische Skizzen zur Europäisierung Europas und der Welt, Bd. 3, Wien 2003.
Peter *Feldbauer*, Gottfried *Liedl*, John *Morrisey* (Hrsgg.), Vom Mittelmeer zum Atlantik. Die mittelalterlichen Anfänge der europäischen Expansion, Querschnitte 6, Wien/München 2001.
Peter *Feldbauer*, John *Morrisey*, Venedig 800–1600. Wasservögel an der Macht, Wien 2002.
Robert *Finlay*, The Treasure-Ships of Zheng He: Chinese Maritime Imperialism in the Age of Discovery, in: Terrae Incognitae 23, 1991, S. 1–12.
Kate *Fleet*, European and Islamic Trade in the Early Ottoman State. The Merchants of Genoa an Turkey, Cambridge 1999.
Herbert *Franke*, Rolf *Trauzettel*, Das Chinesische Kaiserreich, Fischer Weltgeschichte Bd. 19, Frankfurt am Main 1968.
Herbert *Franke*, Westöstliche Beziehungen im Zeitalter der Mongolenherrschaft, in: Saeculum 19/1, 1968, S. 91–106.
Jacques *Gernet*, Die chinesische Welt. Die Geschichte Chinas von den Anfängen bis zur Jetztzeit, Frankfurt am Main 1988.
Horst *Gründer*, Eine Geschichte der europäischen Expansion, Stuttgart 2003.
G. E. von *Grunebaum*, Der Islam II. Die islamischen Reiche nach dem Fall von Konstantinopel, Fischer Weltgeschichte Bd. 15, Frankfurt am Main 1971.
Franz *Halbartschlager*, Faktoreien und Handelsstützpunkte in Übersee, ungedr. Phil. Diss., Wien 2001.
John Whitney *Hall*, Das Japanische Kaiserreich, Fischer Weltgeschichte Bd. 20, Frankfurt am Main 1968.
Günther *Hamann*, Der Eintritt der südlichen Hemisphäre in die europäische Geschichte. Die Erschließung des Afrikaweges nach Asien vom Zeitalter Heinrichs des Seefahrers bis zu Vasco da Gama, Österreichische Akademie der Wissenschaften, philosophisch-historische Klasse, Sitzungsberichte 260, Veröffentlichungen der Kommission für Geschichte der Mathematik und der Naturwissenschaften 6, Wien 1968.

Ders., Ein Überblick über Entstehung und Quellen des Namens ‹Amerika›, in: *Ders.*, Die Welt begreifen und erfahren. Aufsätze zur Wissenschafts- und Entdeckungsgeschichte, hrsg. von Johannes *Dörflinger* u. a., Wien 1993, S. 23–37.
Handbuch der Europäischen Geschichte, Bd. 3: Die Entstehung des neuzeitlichen Europa, hrsg. von Josef *Engel*, Stuttgart 1971.
Bernd *Hausberger* (Hrsg.), Im Zeichen des Kreuzes. Mission, Macht und Kulturtransfer seit dem Mittelalter. Expansion – Interaktion – Akkulturation. Historische Skizzen zur Europäisierung Europas und der Welt, Bd. 17, Wien 2004.
Richard *Hennig*, Terrae incognitae, 4 Bde., Leiden 1936–1939.
Albert *Herrmann*, Die alten Seidenstraßen zwischen China und Syrien, Berlin 1910.
Thomas O. *Höllmann*, Die Seidenstraße, München 2004.
John *Iliffe*, Geschichte Afrikas, 2. Aufl., München 2003.
Philip *Jones*, The Italian City-State. From Commune to Signoria, Oxford 1997.
Alfred *Kohler*, Die Entwicklung des Afrikabildes im Spiegel der einschlägigen historisch-geographischen Quellen süddeutscher Herkunft, ungedr. Phil. Diss., Wien 1967.
Ders., Ein Irrtum macht Weltgeschichte, in: Amerika – Amerika. Entdeckung oder Eroberung. Die unabsehbaren Folgen eines Irrtums. Kultur Favoriten, Katalog 54/IV, Wien 1992, S. 2–8.
Kuei-Sheng Chang, The Ming Maritime Enterprise and China's Knowledge of Africa prior to the Age of Great Discoveries, in: Terrae Incognitae 3, 1971, S. 33–44.
Hermann *Kulke*, Dietmar *Rothermund*, Geschichte Indiens, Stuttgart 1982.
Frederic C. *Lane*, Seerepublik Venedig, München 1980.
Las Casas, Bartolomé de, Historia de las Indias, Colección de documentos inéditos para la Historia de España, Bd. 62–66, Madrid 1875/76.
Jay A. *Levenson*, Circa 1492. Art in the Age of Exploration, Washington/New Haven/London 1991.
Bernard *Lewis*, The Middle East, London 1995.
Mei-Ling Hsu, Chinese Marine Cartography: Sea Charts of pre-Modern China, in: Imago Mundi 40, 1988, S. 96–112.
Gavin *Menzies*, 1421. Als China die Welt entdeckte, München 2003. (Englische Originalausgabe: 1421. The Year China discovered the World, London 2002.)
Michael *Mitterauer*, Warum Europa? Mittelalterliche Grundlagen eines Sonderwegs, München 2003.
Marina *Münkler*, Marco Polo. Leben und Legende, München 1998.
Luis *Navarro García*, Historia de las Américas, Madrid 1991.

Jürgen *Osterhammel,* Asien. Geschichte im euroasiatischen Zusammenhang, in: Oldenbourg Geschichte – Lehrbuch. Frühe Neuzeit, hrsg. von Anette *Völker-Rasor,* München 2000, S. 429–444.

Peter *Partner,* God of Battles. Holy War of Christianity and Islam, Princeton 1997.

Damião *Peres,* História dos Descobrimentos portugueses, 2. Aufl., Coimbra 1960.

Oskar *Peschel,* Geschichte des Zeitalters der Entdeckungen, Leipzig 1858.

Horst *Pietschmann,* Geschichte der europäischen Expansion – Geschichte des atlantischen Raumes – Globalgeschichte, in: Thomas *Beck* u. a. (Hrsgg.), Überseegeschichte. Beiträge der jüngeren Forschung. Festschrift anläßlich der Gründung der Forschungsstiftung für vergleichende europäische Überseegeschichte 1999 in Bamberg. Beiträge zur Kolonial- und Überseegeschichte, hrsgg. von Rudolf *von Albertini* und Eberhard *Schmitt,* Stuttgart 1999, S. 21–39.

Marco *Polo,* Il milione. Die Wunder der Welt, hrsg. von Elise *Guignard,* 6. Aufl., Zürich 1994

Hanns J. *Prem,* Geschichte Alt-Amerikas. Oldenbourg Grundriß der Geschichte, Bd. 23, München 1989.

Edgar *Prestage,* Die portugiesischen Entdecker, München 1963.

Roderich *Ptak,* China and the Asian Seas – Trade, Travel and Visions of the Order, 1400–1750, Aldershot 1998.

Volker E. *Reichert,* Begegnungen mit China. Die Entdeckungen Ostasiens im Mittelalter, Beiträge zur Geschichte und Quellenkunde des Mittelalters, Bd. 15, Sigmaringen 1992.

Ders., Columbus und Marco Polo – Asien in Amerika. Zur Literaturgeschichte der Entdeckungen, in: Zeitschrift für historische Forschung 15, 1988, S. 1–63.

Wolfgang *Reinhard,* Geschichte der europäischen Expansion, Bd. 1: Die Alte Welt bis 1818, Stuttgart 1983, Bd. 2: Die Neue Welt, Stuttgart 1985.

Ders., Die Europäisierung der Erde und deren Folgen. In: Jörg A. *Schlumberger* und Peter *Segl* (Hrsgg.), Europa – aber was ist es? Aspekte einer Identität in interdisziplinärer Sicht, Köln 1994.

Dieter *Rothermund,* Susanne *Weigelin-Schwiedrzik* (Hrsgg.), Der Indische Ozean – Das afroasiatische Mittelmeer als Kultur- und Wirtschaftsraum, Wien 2004.

Antonio *Rumeu de Armas,* Nueva luz sobre las capitulaciones de Santa Fe de 1492 concertadas entre los Reyes Católicos y Cristóbal Colón. Estudio institucional y diplomático, Madrid 1985.

Steven *Runciman,* Geschichte der Kreuzzüge, München 1995.

Anthony *Russell-Wood,* The Portuguese Empire 1415–1808. A World on the Move, Baltimore/London 1998.

Lucio *Russo*, Die vergessene Revolution oder die Wiedergeburt des antiken Wissens, Berlin/Heidelberg 2005.

Fernand *Salentiny*, Aufstieg und Fall des portugiesischen Imperiums, Wien/Köln/Graz 1977.

Ders., Die Gewürzroute. Die Entdeckung des Seewegs nach Asien. Portugals Aufstieg zur ersten europäischen See- und Handelsnation, Köln 1991.

Geoffrey Vaughan *Scammel*, The first Imperial Age. European Overseas Expansion 1400–1715, London u. a. 1989.

Walter *Schicho*, Handbuch Afrika in drei Bänden, Wien 1999/2001/2004.

Eberhard *Schmitt* (Hrsg.), Die mittelalterlichen Ursprünge der europäischen Expansion. Dokumente zur Geschichte der europäischen Expansion, Bd. 1, München 1986.

Ders., Die großen Entdeckungen. Dokumente zur europäischen Expansion, Bd. 2, München 1984.

Ders., Europäische Expansion, Europäisierung der Welt, Globalisierung – Gedanken über einen Prozeß langer Dauer, in: Urs *Fuchs*, Béatrice *Ziegler* (Hrsgg.), Das Eigene und das Fremde. Festschrift für Urs Bitterli, Zürich 2000, S. 263–277.

Uwe *Schnall*, Navigationstechnische Voraussetzungen der Entdekkungsfahrten im 15. Jahrhundert, in: Anzeiger des Germanischen Nationalmuseums und Berichte aus dem Forschungsinstitut für Realienkunde, Nürnberg 1991, S. 41–44.

Ders., Probleme der praktischen Navigation auf den neuen Seewegen um die Erde im 16. Jahrhundert, in: Deutsches Schiffahrtsarchiv 20, 1997, S. 341–358.

Angela *Schottenhammer*, China: Ein Emporium der wirtschaftlichen Prosperität, in: Friedrich *Edelmayer*, Peter *Feldbauer*, Marija *Wakounig* (Hrsgg.), Globalgeschichte 1450–1620, Wien 2002, S. 179–197.

René *Tebel*, Das Schiff im Kartenbild als Quelle für den Historiker. Vom Anbeginn der Überlieferung kartographischer Zeugnisse im abendländischen Mittelalter bis zum Zeitalter W. J. Blaeus (1602), ungedr. Phil. Diss., Wien 2003.

John *Villiers*, Südostasien vor der Kolonialzeit, Fischer Weltgeschichte Bd. 18, Frankfurt am Main 1965.

Immanuel *Wallerstein*, Das moderne Weltsystem I: Die Anfänge kapitalistischer Landwirtschaft und die europäische Weltökonomie im 16. Jahrhundert, Wien 2004. Amerikanische Originalausgabe 1980.

Ders., The Three Stages of African Involvement in the World-Economy, in: The Political Economy and Contemporary Africa, hrsg. von Pete C. *Gutkind* und Immanuel *Wallerstein*, 2. Aufl., Beverly Hills 1985, S. 35–63.

Robert *Wallisch*, Der Mundus Novus des Amerigo Vespucci (Text, Übersetzung und Kommentar), Wiener Studien, Beiheft 27, Arbeiten zur mittel- und neulateinischen Philologie 7, Wien 2002.

Wissenschaft und Technik im alten China, hrsg. vom Institut für Geschichte der Naturwissenschaften der Chinesischen Akademie der Wissenschaften, aus dem Chinesischen übersetzt von Käthe *Zhao* und Hsi-lin *Zhao*, Basel 1989.

Zheng He. Images & Perceptions. Bilder & Wahrnehmungen, hrsg. von Claudine *Salmon*, Roderich *Ptak*, South China and Maritime Asia, Bd.15, Wiesbaden 2005.

Bildnachweis

Seite 20	entnommen aus: Encuentro de dos mundos. Veracruz en la Cultura, Encuentros y Ritmos, Gobierno del Estado de Veracruz, Sociedad Mexicana de Caricaturistas, 1992, S. 114.
Seite 33, 86, 90	entnommen aus: Eberhard *Schmitt* (Hrsg.), Die mittelalterlichen Ursprünge der europäischen Expansion. Dokumente zur Geschichte der europäischen Expansion, Bd. 1, C.H. Beck, München 1986, S. 69 / 114, S. 98.
Seite 39, 94	entnommen aus: Oswald *Dreyer-Eimbcke*, Kolumbus. Entdeckungen und Irrtümer in der deutschen Kartographie, Umschau Verlag Breidenstein, Frankfurt am Main 1991, S. 99, 17.
Seite 44	akg-images / Nimatallah, Berlin.
Seite 104	entnommen aus: Jay A. *Levenson*, Circa 1492. Art in the Age of Exploration, Washington/New Haven/London 1991, S. 343.
Seite 106	entnommen aus. Ernst Gerhard *Jacob*, Christoph Columbus, Bordbuch – Briefe – Berichte – Dokumente, Carl Schünemann Verlag, Bremen 1956, S. 192/193.
Seite 118	Foto: © 1990, Scala, Florenz.
Seite 134	entnommen aus: Rainer *Beck* (Hrsg.), 1492. Die Welt zur Zeit des Kolumbus. Ein Lesebuch, C.H. Beck Verlag, München 1992, S. 142.
Seite 147, 152	The Bridgeman Art Library, London.
Seite 158, 164, 166, 170	entnommen aus: Urs *Bitterli*, Die Entdeckung Amerikas. Von Kolumbus bis Alexander von Humboldt, München 1991, S. 62, 69, 76, 82.
Seite 161	entnommen aus: Samuel Eliot *Morison*, Admiral des Weltmeeres. Das Leben des Christoph Columbus, Bremen/Horn 1948, S. 116/117.
Seite 177	entnommen aus: Ernst Gerhard *Jacob*, Christoph Columbus, Bordbuch – Briefe - Berichte - Dokumente, Carl Schünemann Verlag, Bremen 1956, S. 192/193.
Seite 182	Bildarchiv Preußischer Kulturbesitz, Berlin.

Personen- und Ortsregister

(Christoph Columbus wird im Register nicht ausgewiesen)